feel good food

feel good food

5 einfache Schritte für eine gesunde Ernährung

Dörte & Jesko Wilke
Fotos Götz Wrage

CHRISTIAN

Inhalt

Vorwort	6
Keine Angst vor gutem Essen	8
Welcher Ernährungstyp bin ich?	12
5 einfache Schritte für eine gesunde Ernährung	16
Die Rezepte	44
Register	188

Vorwort

Wenn wir gemeinsam kochen – und das ist oft der Fall –, ziehen Essensdüfte durch unsere große Wohnküche. Eine Leidenschaft wie diese zu teilen, finden wir großartig. Die Idee, gemeinsam an einem Kochbuch zu arbeiten, fiel daher auf fruchtbaren Boden. Doch wie sollte dieses Werk aussehen?

Eines war klar, es sollte authentisch sein, also unsere ganz persönliche Einstellung zum Thema Essen repräsentieren. Da wir zweifellos zu den Genussmenschen gehören, ist uns die Qualität der Ausgangsprodukte besonders wichtig. Außerdem lassen wir uns ungern Vorschriften machen, also wollten wir selbst auch nicht mit erhobenem Zeigefinger daherkommen. Selbst wenn es ein paar Dinge gibt, die uns wichtig sind, wie Sie sehen und lesen werden. Und da wir an allem, was mit Essen zu tun hat (einkaufen, zubereiten und genießen), viel Freude haben, ist das Ergebnis ein Appell geworden. Er lautet:

Iss, wie es dir gefällt!

Damit ist gemeint, dass jeder selber am besten weiß, was ihm schmeckt und gut tut. Vorausgesetzt, man vertraut auf seine Instinkte und horcht in sich hinein. Etwas, das viele möglicherweise erst wieder lernen müssen – nach verwirrenden Essvorschriften und Regeln, die einem im Lauf der Zeit immer wieder begegnen. Deshalb haben wir »Fünf Schritte zur Wohlfühlernährung« erarbeitet, mit denen es leichter wird, wieder zu seinem ureigenen Ernährungs-Selbstbewusstsein zu finden.

Unsere Rezepte haben wir nach folgender Regel konzipiert: Frische Zutaten in überschaubarer Anzahl, originell kombiniert und unkompliziert in der Zubereitung. Sie funktionieren im Alltag, sind aber auch für Gäste oder Partys geeignet.

Dann folgten viele Wochenenden, an denen unsere Küche oftmals einem Schlachtfeld glich. Am Abend mussten unsere Freunde ran, als mutige Testesser, wohlwollende Kritiker, großzügige Ideengeber und Genießer – danke dafür!

Wir finden, wer genießen will, sollte auch Verantwortung übernehmen. Dazu gehört die Wertschätzung gegenüber landwirtschaftlichen Produkten von hoher Qualität. Man muss keinen eigenen Gemüsegarten besitzen, um beurteilen zu können, wie viel Liebe und Arbeit darin steckt. Und es muss nicht unbedingt Bio sein. Wir kennen auch einige konventionelle Bauernhöfe, deren Betreiber sich einer nachhaltigen Wirtschaftsweise verpflichtet fühlen und voll hinter ihren Erzeugnissen stehen. Eines ist klar: Mit Discountpreisen können solche Anbieter nicht mithalten. Doch wer gut essen will, sollte bereit sein, die Arbeit dieser Menschen angemessen zu bezahlen. Das Schöne ist, man belohnt sich dabei selbst: mit hochwertigen und köstlichen Lebensmitteln!

Wer macht was in der Küche? Da sind sich die Autoren glücklicherweise meist einig. Gekocht wird im Teamwork.

Keine Angst vor gutem Essen

Wie eine Selbstverständlichkeit zum Problem wird

Kennen Sie das? Kaum sitzen ein paar Leute gemeinsam an einem Tisch, schon beginnt die Diskussion. Man soll ja dieses nicht mit jenem kombinieren, abends auf keinen Fall Obst essen, Laktose und Gluten meiden. Und wie sieht es mit Fleisch aus? Braucht man überhaupt tierisches Eiweiß, oder sollte man sich lieber gleich vegan ernähren? Einer am Tisch probiert garantiert gerade eine neue Diät aus. Abnehmtrends wie Low Carb, Metabolic Balance, Paleo oder Schlank-im-Schlaf polarisieren und werfen neue Fragen auf: Welche Methode ist besser, wirksamer, gesünder? Kurioserweise scheint dabei zu gelten: Je komplizierter die Anleitung, desto bereitwilliger folgen Menschen den Regeln eines neuen Ernährungskonzepts.

Fest steht: Zu keiner Zeit wurde über Ernährung so viel debattiert wie heute. Bei der Sprache fängt es an – wir *essen* nicht einfach, wir *ernähren* uns. Während es beim Essen um Lust und Freude beim Stillen unseres Hungers geht, steckt hinter *Ernährung* gleich eine komplexe Theorie, ein wissenschaftlicher Ansatz oder mindestens ein ausgefeiltes Konzept. Das Ergebnis: Nie wussten wir mehr über unsere Nahrung, und nie war die Verunsicherung größer als heute. Denn viele Konzepte widersprechen sich inhaltlich. Immer neue Studien werden zitiert – dabei belegt die eine oft genau das Gegenteil von der anderen. Wie soll ich mich ernähren? Gleichzeitig wächst die Angst, das Falsche zu essen.

Kerngesunde Menschen kaufen teure gluten- und laktosefreie Produkte

Selbst Grundnahrungsmittel wie Brot, Nudeln und Milch sind betroffen: Überall scheinen Allergene zu lauern, die uns wenn nicht krank so doch wenigstens chronisch schlapp und müde machen. Einer aktuellen Umfrage einer großen deutschen Krankenkasse zufolge glauben 17 Prozent der Befragten, dass sie von Unverträglichkeiten und Allergien betroffen sind. Zöliakie wurde tatsächlich jedoch nur bei etwa 1 Prozent diagnostiziert und eine Reaktion auf den Milchzucker Laktose nicht einmal bei 4 Prozent der Befragten. Auch die Marktforschung zeigt, dass 80 Prozent der Käufer von laktosefreien Produkten gar keine Unverträglichkeit auf diesen Stoff haben. Nur die Lebensmittelindustrie profitiert davon. Dabei sind die Produkte, die sie uns auftischt, nicht besser als andere. Sie bringen für gesunde Menschen keine ernährungsphysiologischen Vorteile. Eher das Gegenteil, denn sie sind stark bearbeitet und machen daher nur Sinn, wenn eine echte Unverträglichkeit vorliegt *(siehe auch Kasten auf Seite 11)*.

Heute zählt vor allem, was nicht drin ist

»Frei von« ist das neue Zauberwort. Der Markt von Produkten *ohne* Gluten oder Laktose boomt. Sogar die Discounter nehmen sie in ihr Sortiment auf. Absurd: Zum Teil werden sogar Waren deklariert, die von Natur aus weder Weizenkleber noch Milchzucker enthalten. Prominente wie Lady Gaga oder Profisportler wie Tennis-As Novak Djokovic bekennen sich öffentlich zu einer glutenfreien Ernährung. In Amerika folgen fast 30 Prozent der Menschen diesen Vorbildern. Und schon hat die Lebensmittelindustrie eine neue Zielgruppe identifiziert: Die sogenannten *Ernährungssensiblen*. Unter ihnen gilt es als Zeichen von Individualität und Selbstkompetenz, erst einmal

Vielfalt ist gesund. Essen Sie, was die Jahreszeiten hergeben und achten Sie auf beste Qualität. Unsere Nahrung ist heute sicherer und abwechslungsreicher denn je. Lassen wir uns durch Lebensmittelskandale nicht den Appetit verderben!

aufzuzählen, was man alles nicht verträgt. Nach dem Motto: Ihr anderen könnt ja alles in euch hineinstopfen, mein Körper ist dafür viel zu empfindlich!

Keine Angst vor gutem Essen

Wo ist das Problem? Unsere Lebensmittel werden immer besser kontrolliert und somit auch immer sicherer. Wir können uns mit dem unfassbar großen Angebot an Lebensmitteln das ganze Jahr über abwechslungsreich und gesund ernähren. Noch in unserer Kindheit war es ganz normal, sich eine Scheibe frisches Brot abzuschneiden und herzhaft hineinzubeißen. Heute heißt es gleich: »Vorsicht Gluten« oder »so viele Kohlenhydrate!« Dabei wird die Gefahr oft in der falschen Richtung vermutet. Nicht die Butter, die Milch oder das Brot machen uns krank. Es ist ein Zuviel, zu wahllos und zu einseitig, das uns zusetzt.

Zu oft wählen wir den bequemen Weg, indem wir Fertigprodukte verzehren oder uns bei den Fast-Food-Ketten versorgen. Aus Zeitmangel konsumieren wir dann, was die Ernährungsindustrie zubereitet hat, statt selbst zu kochen. Und zwar mit Naturprodukten, die wir im Rohzustand in der Hand halten, sorgfältig auswählen und schonend zubereiten.

Vertrauen Sie sich!

Befreien wir uns von der Angstmacherei rund um das Thema Ernährung. Niemand muss sich vor dem Essen fürchten. Entscheidend ist, dass wir selbst bestimmen, was auf unsere Teller kommt, dass wir uns von der Qualität unseres Essens überzeugen – am besten, indem wir es selber zubereiten oder auch einfach mal etwas Naturbelassenes essen wie eine Karotte oder einen Apfel. Und es geht noch weiter: Jeder weiß selbst

Was gibt es besseres, als eine Scheibe frisch gebackenes Sauerteigbrot mit Butter? Ein Genuss, den viele sich wegen vermeintlicher Glutenunverträglichkeit nicht mehr gönnen. Experten raten, nichts auf eigene Faust wegzulassen.

Verdacht auf Unverträglichkeiten – eine echte Diagnose ist wichtig!

Wer häufig und über einen längeren Zeitraum unter unspezifischen Symptomen wie Verdauungsbeschwerden, Kopfschmerzen oder Schlappheit leidet, sollte eine mögliche Lebensmittelproblematik beim Arzt abklären. Infrage kommen verschiedenste Inhaltsstoffe: etwa eine Laktose- oder Fruktose- (Fruchtzucker-)Unverträglichkeit, eine Milcheiweißallergie, Zöliakie (eine wirklich schwere durch Gluten ausgelöste Krankheit), die harmlosere Glutensensitivität, Histaminunverträglichkeit oder allergische Reaktionen auf einzelne Lebensmittel. Die Ursachen und Therapien sind völlig unterschiedlich. Deshalb sollte man auch nicht auf eigene Faust einfach Grundnahrungsmittel weglassen, sondern unbedingt einen Spezialisten die Diagnose stellen lassen.

am besten, was gut für ihn ist – wir müssen nur lernen, achtsam mit unseren Bedürfnissen umzugehen und unseren Instinkten zu vertrauen. Oft essen wir nämlich, ohne darauf zu achten, was in unserem Mund verschwindet. Wir futtern nebenbei und kauen nicht richtig. Anschließend wundern wir uns, dass wir uns nicht gut fühlen. Mehr Achtsamkeit bedeutet auch, auf die Signale des Körpers zu hören.

Diäten machen meist nicht schlanker

Jedes Jahr das gleiche Schauspiel: Kaum sind die Festtage vorüber, erobern neue Diätkonzepte den Markt. Ihre Verlockung: weg mit dem lästigen Winterspeck, her mit der ersehnten Bikinifigur! Das Problem: Sie machen uns nicht schlank – so ausgeklügelt und wissenschaftlich sie auch daherkommen mögen. Warum? Weil es kein Konzept gibt, das für alle passt. Jeder von uns ist nämlich anders und muss seinen eigenen Weg finden. Ein weiterer Grund besteht darin, dass sie uns nicht helfen, auf uns selbst zu hören. Wer eine Diät macht, gibt die Verantwortung ab, unterwirft sich Regeln und Vorschriften, die von außen kommen. Und verlernt dabei mehr und mehr, auf sich selbst zu achten. Tut mir dieses Lebensmittel gut? Mag ich den Geschmack? Bin ich schon satt? Einfache Fragen, die uns den Weg weisen und uns das Selbstvertrauen zurückgeben, wenn wir sie uns immer wieder stellen. Denn das ist uns im Laufe der Arbeit an diesem Kochbuch klar geworden: Wir brauchen mehr Selbstvertrauen in puncto Ernährung! Deshalb wollen wir mit diesem Buch auch keine neuen Vorschriften machen, sondern Lust auf gutes Essen und vor allem Spaß am Kochen. Denn das, was man mit Vergnügen isst, bekommt einem auch gut.

Kalorien zählen ist keine Lösung

Aus diesem Grund haben wir ganz bewusst auf Kalorien- und exakte Mengenangaben verzichtet. Denn von kleinlichem Kalorienzählen ist noch niemand schlanker und vor allem glücklicher geworden. Statt dessen haben wir unser Augenmerk auf gesunde, ausgewogene Zutaten gerichtet. Unsere Devise heißt nicht »frei von«, sondern »reich an«. Reich an gesunden und frischen Zutaten, Vitaminen und Mineralstoffen – nicht an Kalorien –, reich an Genuss!

Welcher Ernährungstyp bin ich?

Die innere Einstellung prägt unser Essverhalten. Finden Sie heraus, welcher Ernährungstyp Sie sind, und beherzigen Sie die Tipps auf dem Weg zu Ihrer Wohlfühlernährung.

So geht's

Nehmen Sie sich für den Test ein bisschen Zeit. Suchen Sie sich ein ruhiges Plätzchen und kreuzen Sie jeweils die Aussage an, die Ihren Essgewohnheiten am nächsten kommt.

Wie beginnen Sie den Tag?

- Ohne ein leckeres Frühstück geht gar nichts
- Mit Kaffee und zwei gut belegten Brötchen
- Ich kaufe mir einen Smoothie, die sollen sehr gesund sein
- Mit einem Müsli oder ich verzichte ganz und spare Kalorien

Mittags …

- gehe ich am liebsten in ein gutes kleines Restaurant um die Ecke
- wähle ich neuerdings das vegetarische Gericht aus der Kantine
- gehe ich in die Kantine oder zum Mittagstisch nebenan
- hole ich mir was von der Salattheke oder esse mitgebrachte Rohkost

Zwischendurch gibt es bei mir …

- meistens Obst, damit kann man nichts falsch machen
- Knäckebrot mit körnigem Frischkäse oder Naturjoghurt
- Pausenbrote mit Wurst und Käse
- Latte macchiato und Muffins aus dem Coffeeshop

Wenn mein Chef mich zu einem Arbeitsessen mit einem Kunden einlädt, denke ich …

- prima, wir werden gut essen und gute Geschäfte machen
- puh, dann weiß ich wieder nicht, was ich bestellen soll, und gerate in Stress
- hoffentlich ist er nicht knauserig und wählt ein gutes Restaurant
- solche Termine bekommen mir gar nicht, ich esse lieber bewusst und für mich allein

Eine Kollegin hat Geburtstag – natürlich gibt's Kuchen satt

- Ich weiß genau, was sie davon selbst gebacken hat und greife zu
- Weißmehl und Zucker sollen in Maßen okay sein, vielleicht nehme ich ein Stück
- Da bin ich eisern und stelle mich mit einem Glas Mineralwasser dazu
- Kaffee und Kuchen finde ich klasse

Diese Produkte könnten in meinem Einkaufswagen liegen:

- ein glutenfreies Brot, Lightprodukte, Tofu, fettarmer Joghurt
- Äpfel, Knäckebrot, Biogemüse, Matcha-Tee
- Wiener Würstchen, Kartoffelsalat, Toastbrot, Bier
- Rinderfilet, Parmesan, Rucola, Rotwein

Abends ...

- brauche ich was Warmes – entweder vom Imbiss oder ein Fertiggericht
- geht's ins Restaurant oder es wird lecker gekocht
- versuche ich eher wenig, in jedem Fall aber was Leichtes zu essen und vor allem nicht so spät
- esse ich keine Kohlenhydrate, die setzen an

Kochen Sie gerne?

- Oh ja und oft, besonders für Freunde
- Im Aufwärmen von Fertiggerichten bin ich schon ganz gut
- Schon, die Frage ist bloß was?
- Ja, vor allem, weil ich dann genau weiß, was im Essen drin ist

Zu einem gemütlichen Fernsehabend gehören ...

- Bier und Chips, was sonst?
- auf keinen Fall Obst, das kann man nicht mehr verdauen
- Gemüsesticks oder japanisches Reisgebäck
- guter Wein und ein paar Schokotrüffel

Wenn ich essen gehe ...

- nehme ich am liebsten einen Salat als Hauptgericht
- bestelle ich mir gern was Deftiges mit Fleisch
- entscheide ich mich meist für ein Menü – und guten Wein dazu
- nehme ich gegrillte Hähnchenbrust ohne Beilagen

Nach dem Essen gibt es einen Absacker. Ich ...

- nehme einen Schnaps
- habe gelesen, dass Alkohol die Verdauung gar nicht fördert, und verzichte
- wähle einen Obstbrand oder Cognac
- bestelle sicherlich nichts Hochprozentiges

Meine größte Schwäche besteht darin, dass ich ...

- oft unsicher bin, was gut für mich ist
- meine Vorsätze manchmal durchbreche und dann heftig sündige
- einfach immer Appetit habe
- nicht genug bekomme, wenn ich erst einmal ins Schlemmen geraten bin

Welche Farbe kommt am häufigsten vor? Bitte durchzählen und notieren. Auflösung auf der nächsten Seite.

Auflösung

Wo Sie die meisten Kreuze gemacht haben, liegt Ihr Typ-Schwerpunkt. Die zweithäufigsten Antworten zeigen eine weitere Tendenz an. Sind zwei Farben punktgleich, deutet das auf eine Mischform hin. Lesen Sie in jedem Fall die Auflösungstexte der beiden Esstypen mit den meisten Übereinstimmungen und schauen Sie, von welchen Tipps Sie am besten profitieren können.

Der Lustesser »Genuss ist alles!«

Der Gourmet unter den Esstypen. Gutes Essen und Trinken sind unverzichtbare Bestandteile seines Lebens. Aber im Genuss zu schwelgen, kann auch Suchtcharakter annehmen. Der Lustesser probiert gern neue Restaurants und Rezepte aus. Er hat einen grundsätzlichen Argwohn gegen »gesunde« Ernährung, weil das mit Verzicht einhergehen könnte. Der Lustesser braucht viel Zeit zum Essen, denn er möchte sich die Speisen buchstäblich auf der Zunge zergehen lassen. Wenn er selber kocht, kauft er reichlich ein und macht aus der Zubereitung bereits ein kleines Fest. Er hat eine Schwäche für fette Speisen, weil die mehr Aroma haben. Er wählt im Restaurant das 5-Gänge-Menü und verspeist die opulente Nachspeise, obwohl er eigentlich schon satt ist. Ach ja, und dann ist da noch die Liebe zum Wein ...

Anregungen für den Lustesser

Genuss geht auch ohne Ausschweifung. Versuchen Sie mal, Befriedigung im Einfachen, Puren zu finden. Es müssen nicht immer mehrere Gänge sein! Beim Kochen können Sie viel Fett sparen, indem Sie Butter und Sahne durch feine Aromen aus Kräutern und Gemüse ersetzen. Essen Sie öfter fettarmen Fisch statt Fleisch. Eine Nachspeise sollte die Ausnahme bleiben. Vielleicht finden Sie Genuss auch auf anderen Ebenen, zum Beispiel in der Natur oder in der Kunst. Schaffen Sie durch Sport und Bewegung ein Gegengewicht zu Ihrer Liebe zum Kulinarischen. Wie wäre es zwischendurch mal mit einem Gemüsetag? Motivation hierfür finden Sie vor allem in unserem Step 2: »Treiben Sie's bunt!«

Der Pragmatiker »Hauptsache satt!«

Mamas Liebling! Der Appell »Es wird gegessen, was auf den Tisch kommt« ist für diesen Esstyp kein Problem. Im Gegenteil, Hauptsache der Teller ist schön voll und man kann noch mal nachnehmen. Der Pragmatiker isst gern und bei jeder Gelegenheit. Er leert den Teller ratzeputz, auch wenn er schon satt ist. Dabei neigt er ein wenig zur Maßlosigkeit und ist eher unkritisch, was die Qualität betrifft. Das ist einerseits gut, weil er nicht ständig versucht, sich zu kontrollieren. Andererseits kann er zunehmen, ohne es rechtzeitig zu merken. Er lässt lieber andere für sich kochen. Er mag auch keine kulinarischen Experimente. Seine Welt ist die gutbürgerliche Küche. Und wenn er zwischendurch mal Hunger hat, darf es gern auch Fastfood sein.

Anregungen für den Pragmatiker

Weniger ist mehr! Essen Sie nicht grundsätzlich auf, sondern achten Sie auf Sättigung und legen Sie einfach mal das Besteck aus der Hand. Versuchen Sie, etwas selbstbestimmter zu essen – nicht nur das, was Ihnen vorgesetzt wird. Fragen Sie sich, worauf Sie Lust haben. Vielleicht sollten Sie gelegentlich etwas Neues einplanen? Anregungen dazu finden Sie in unserem großen Rezeptteil. Es darf ruhig auch mal was ohne Fleisch sein. Probieren Sie die vegetarischen Gerichte. Tipps, um zu einem anderen Essverhalten zu kommen, finden Sie in Step 3: »Achtsamkeit«. Und in unserer großen »Genussschule« (Step 5) können Sie sich spielerisch mit neuen Aromen und Geschmackserlebnissen auseinandersetzen.

Der Verunsicherte »Bloß nichts falsch machen ...«

Er interessiert sich für das Thema Ernährung und informiert sich regelmäßig über neue Trends. Doch je mehr er darüber erfährt, desto schwerer fällt es ihm, eine klare Linie zu erkennen. Daher ist sein Ernährungsstil von eher schwankender Natur. Mal erscheint es ihm plausibel, dass Eiweiß und Kohlenhydrate nicht in einer Mahlzeit genossen werden sollten, dann wieder leuchtet ihm ein, dass Kohlenhydrate besser ganz vom Speiseplan zu verschwinden haben. Diese Verunsicherung spiegelt sich in seinem Essverhalten wider. Er probiert bereitwillig neue Diäten aus, nur um festzustellen, dass er sie auf Dauer nicht durchhält. Er kauft auch mal gluten- oder laktosefreie Produkte, weil er glaubt, sich etwas Gutes zu tun.

Der Kontrollierte »Nur Gesundes auf meinen Teller!«

Dieser »Ernährungsexperte« legt großen Wert auf gesunde Lebensführung. Er ist gut informiert und kontrolliert sein Essverhalten häufig. Der Kontrollierte studiert beim Einkaufen die Zutatenlisten der Produkte, weil er sich genau über die Inhaltsstoffe informieren will. Er isst selten den Teller leer und neigt dazu, sein Essen zu »sezieren«. Im Restaurant kann er sich manchmal nicht entscheiden und äußert Sonderwünsche. Er hat selten richtig Spaß am Essen und fühlt sich in Gesellschaft schnell gestresst. Manchmal kommt es allerdings zu Entgleisungen. Dann setzt sich der aufgestaute Heißhunger durch, und alle Kontrolle versagt. Am nächsten Tag drückt das schlechte Gewissen, und es wird wieder strenger Verzicht geübt.

Anregungen für den Verunsicherten

Hören Sie öfter mal auf Ihre innere Stimme. Versuchen Sie, Ihren Instinkten zu vertrauen. Lassen Sie sich nicht von jeder Meldung über angeblich neue Erkenntnisse zum Thema Ernährung verunsichern. Nicht alles, was mit dem Anstrich der Wissenschaftlichkeit daherkommt, verdient Beachtung. Entscheidender ist, dass Sie sich mit Ihrem Ernährungsstil wohlfühlen. Versuchen Sie, nicht nach dogmatischen Vorgaben zu essen, sondern ruhig mal nach Lust und Laune. Worauf haben Sie Appetit? Verlassen Sie sich darauf, dass Ihr Körper Ihnen die richtigen Signale gibt. In unserer Einleitung: Keine Angst vor gutem Essen finden Sie Argumente für entspannten Genuss ohne Sorge, etwas falsch zu machen. Step 4: »Einkaufen und sich dabei belohnen« beschreibt, wie die Freude am Essen bereits beim Besorgen der Zutaten beginnen kann.

Anregungen für den Kontrollierten

Gesund essen ist gut, doch die Freude daran darf nicht zu kurz kommen. Gut, dass Ihnen die Qualität der Lebensmittel wichtig ist, aber achten Sie darauf, dass Sie nicht zu wählerisch werden. Verderben Sie selbst und anderen nicht die Lust am Essen – zum Beispiel durch Hintergrundinformationen über Massentierhaltung. Sie könnten Spaß haben an unserem Step 5: »Die große Genussschule«. Hier geht es um den spielerischen Umgang mit den Sinnen. Im Step 1: »Mood Food – Essen für die Stimmung« erfahren Sie Interessantes über die Wirkung, die bestimmte Lebensmittel auf die Psyche haben. Dort können Sie Ihr ohnehin schon großes Wissen über Ernährung erweitern.

5 einfache Schritte für eine gesunde Ernährung

Essen für die Stimmung	18
Treiben Sie's bunt!	24
Achtsamkeit	30
Einkaufen	34
Die große Genussschule	38

Step 1
Mood Food – Essen für die Stimmung

Gute Laune kann man essen

Dass Kaffee wach macht und Alkohol in Maßen beschwingt, kann sicher jeder bestätigen, der diese Genussmittel schon einmal probiert hat. Doch auch ganz normale Nährstoffe in alltäglichen Lebensmitteln wirken auf die Stimmung. Mal ganz abgesehen davon, dass gutes Essen eben einfach immer Freude macht. Was Sie vielleicht noch nicht wussten: Unsere Nahrung enthält Botenstoffe, die Informationen ans Gehirn weiterleiten und mit deren Hilfe es unsere Aktivitäten und Gefühle steuert.

Ganz legal: der Konsum von körpereigenen Drogen

Zu diesen Botenstoffen gehört zum Beispiel Serotonin, eine Substanz, die für Wohlbefinden sorgt, schlaffördernd wirkt und sogar die Tiefschlafphase unterstützt. Um diese Wirkung zu erreichen, benötigen wir allerdings keine serotoninreichen Lebensmittel wie die Banane, sondern bestimmte Eiweißbausteine und komplexe Kohlenhydrate, damit das Glückshormon im Gehirn entstehen kann. Wie bei den Tagliatelle-Nestern mit scharf-süßer Thunfischsauce (siehe Seite 170). Eine nicht zu große Portion davon am Abend kann also als natürliches Schlafmittel dienen – nicht verschreibungspflichtig!

Sauer macht lustig – jetzt ist es wissenschaftlich

Andere stimmungsmachende Substanzen sind Vitamine und Mineralstoffe. Kanadische Forscher fanden heraus, dass Vitamin C sich positiv auf den Gemütszustand auswirkt. Die Wissenschaftler konnten nachweisen, dass Vitamin C die Stimmung von Krankenhauspatienten hebt. Für ihre Studie verabreichten die Forscher täglich Vitamin C oder Vitamin D an zwei verschiedene Gruppen. Das Ergebnis: Schon nach kurzer Zeit verbesserte sich die Stimmung der Vitamin-C-Gruppe deutlich, während bei der Vitamin-D-Gruppe keine Veränderungen eintraten. Daraus können wir lernen. Und wie? Ganz einfach: Reichlich frisches Obst und Gemüse essen – und nicht nur seine Inhaltsstoffe. Denn Nahrungsergänzungsmittel können niemals so gut sein wie das Original. Obst und Gemüse bieten zusätzlich zahlreiche sekundäre Pflanzenstoffe, deren komplexes Zusammenspiel die Wissenschaft noch gar nicht entschlüsselt hat (siehe Step 2: »Treiben Sie's bunt!«). Top-Vitamin-C-Quellen sind Fenchel, Paprikaschoten, sämtliche Kohlsorten, Zitrusfrüchte, Kiwis und Beeren. Klasse für eine Extraportion Vitamin C: ein Schuss Sanddornsaft ins Müsli oder den Joghurt. In zwei Esslöffeln davon steckt bereits der gesamte Tagesbedarf!

Ganz schön gepfeffert: Schärfe macht wach

Und was beeinflusst unsere Stimmung noch? Vor allem Kräuter und Gewürze mit ihren ätherischen Ölen und anregenden Substanzen. Schärfe etwa kurbelt den gesamten Stoffwechsel an, erhöht die Körpertemperatur und bringt uns in Schwung. Sie steckt zum Beispiel in Chilischoten, Pfeffer, aber auch in Wasabi, Meerrettich und Ingwer. Vanille dagegen beruhigt, löst Blockaden und besänftigt. Grund dafür ist wohl das natürliche Vanillin, ein Duftstoff, der menschlichen Sexuallockstoffen gleicht.

Fast Food bringt die Seele aus dem Gleichgewicht

Der häufige Verzehr von Fast-Food-Produkten wirkt sich dagegen negativ auf die psychische Gesundheit aus. Sogar die Wahrscheinlichkeit, an einer Depression zu erkranken, erhöht sich dadurch signifikant, so das Ergebnis einer Studie an mehreren spanischen Universitäten, veröffentlicht im Wissenschaftsmagazin »Public Health Nutrition Journal«. Über einen Zeitraum von sechs Monaten wurde die Ernährungsweise von 9.000 Teilnehmern untersucht. 493 von ihnen erkrankten während der Studie an einer Depression.

Allen gemeinsam: Ein überdurchschnittlich hoher Konsum von Fast-Food-Produkten wie Burger, Pommes, Pizza, Fertiggerichten und industriell hergestellten Backwaren. Im Vergleich zu den gesunden Studienteilnehmern mieden sie zudem Lebensmittel wie Obst, Gemüse und Fisch. Fazit: Selber kochen mit frischen und gesunden Zutaten ist eine ganz legale Glücksdroge!

Immer, wenn etwas sauer schmeckt, ist reichlich Vitamin C im Spiel. Mit Zitrusfrüchten im Winter, Beeren im Sommer und Äpfeln im Herbst haben wir es leicht, uns auf leckere Art mit dem wichtigen Vitamin zu versorgen.

Unser Mood-Food-Guide

Wir fassen zusammen: Nudeln machen glücklich, Chili macht aktiv, Zimt beruhigt. Hier kommt unser A–Z der Lebensmittel mit stimmungsaktiven Substanzen, inklusive Tipps für Ihre Gute-Laune-Küche. Es umfasst Vertreter aus den verschiedensten Lebensmittelgruppen wie Fleisch, Fisch, Milchprodukte, Obst, Gemüse und Kräuter. Und: Alle hier vorgestellten Mood Foods finden Sie in unserem Rezeptteil wieder.

Anis

Die kleinen Gewürzsamen kennen wir hauptsächlich von Gebäck und Spirituosen. Dank der Inhaltsstoffe Anethol und Methylchavicol ist Anis beruhigend, entspannend und schmerzstillend. Diese ätherischen Öle wirken sowohl über die Nase im Sinne einer Aromatherapie als auch auf das Verdauungssystem. Zudem haben sie eine leicht desinfizierende und antibiotische Wirkung, mit der sich auch die Pflanze vor Parasiten und Mikroorganismen schützt.

- Wirkung: beruhigend
- Top-Inhaltsstoffe: ätherische Öle wie Terpene
- Beste Kombination: heiße Honigmilch mit zerstoßenem Anis als Schlaftrunk
- Unser Tipp: Gebratener Spargel und Kerbelpesto zu Saiblingsfilet (siehe Seite 116)

Banane

Der kohlenhydratreiche gelbe Dauerbrenner fördert die Serotoninbildung im Gehirn. Dieser Neurotransmitter dämpft Heißhunger auf Süßes und hebt die Stimmung. Für die optimale Serotoninaufnahme benötigt der Körper zusätzlich die Aminosäure Tryptophan – wie in Milchprodukten und Getreide enthalten. Zudem sind Bananen die ideale Zwischenmahlzeit beim Sport oder während einer Prüfung. Sie sättigen, aber belasten nicht.

- Wirkung: beruhigend
- Top-Inhaltsstoffe: Kalium, Magnesium, Vitamin B_6, Serotonin
- Beste Kombination: Bananenbrot mit Quark und Honig
- Unser Tipp: Mandelmilch mit Kleie und Erdbeeren (siehe Seite 52)

Chilischoten

Der für die Schärfe verantwortliche Stoff in den roten oder grünen Schoten heißt Capsaicin. Trifft er auf die Mundschleimhaut, löst er im Körper eine Art Schmerzreaktion aus, bei der zur Linderung Glückshormone (Endorphine) ausgeschüttet werden. Das kann bis zu einem rauschähnlichen Zustand, dem sogenannten »Pepper-High« führen. Wer die Schärfe nicht gewöhnt ist, sollte sich langsam herantasten. Bei tränenden Augen und brennendem Rachen schafft Fett, zum Beispiel aus Milch, Sahne, Butter oder Kokosmilch, Abhilfe. Wasser trinken verschlimmert die Symptome! Schon in niedriger Dosierung wirken Chilischoten durchblutungs- und verdauungsfördernd.

- Wirkung: anregend, aktivierend
- Top-Inhaltsstoffe: Capsaicin, Vitamin C
- Beste Kombination: Chiliöl, die Schärfe verteilt sich gleichmäßig, ideal zum Herantasten
- Unser Tipp: Scharfe Nudeln aus Brooklyn (siehe Seite 174)

Datteln, getrocknet

Mit ihrer natürlichen Süße versorgen Datteln, zum Beispiel als Snack, das Gehirn mit Kohlenhydraten für Höchstleistung. Dazu sind sie praktisch fettfrei und belasten nicht.

- Wirkung: beruhigend, konzentrationsfördernd
- Top-Inhaltsstoffe: Fruchtzucker, Kalium, Magnesium, Folsäure
- Beste Kombination: Pur als Snack gegen Heißhunger, Müdigkeit und Konzentrationsschwäche
- Unser Tipp: Grüne Grütze mit Dattel-Mandel-Krümeln (siehe Seite 182)

Ei

Das Hühnerei ist reich an der Aminosäure Phenylalanin. Dieser Eiweißbaustein ist an der Bildung des Botenstoffes Noradrenalin beteiligt. Und der wiederum sorgt dafür, dass der Mensch sich unter Stress konzentrieren kann, wacher und selbstbewusster wird. Zudem enthält Ei Lecithin, aus dem im Körper Cholin entsteht. Der vitaminähnliche Stoff ist unerlässlich für alle Vorgänge, die das Gedächtnis betreffen. Forscher vermuten, dass er auch unseren Tagesrhythmus steuert, denn der Cholinspiegel weist im Tagesverlauf starke Schwankungen auf.

- **Wirkung:** macht wach, steigert die Aufmerksamkeit
- **Top-Inhaltsstoffe:** Lecithin, Eisen, Vitamin D und Vitamin B_{12}, Zink.
- **Beste Kombination:** Ein flaumweich gekochtes Ei im Glas mit frischen Kräutern ist eine gehaltvolle Zwischenmahlzeit, die sofort für neue Energie sorgt.
- **Unser Tipp:** Ei im Glas mit Kräutererbsen (siehe Seite 50)

Hähnchenfleisch

Die in Hähnchenfleisch enthaltenen Vitamine B_1, B_2 und Niacin stärken die Nerven und machen belastbarer. Wichtig: Hähnchen- und Putenfleisch nur aus biologischer Aufzucht kaufen, denn konventionelles Geflügel ist häufig mit Antibiotika belastet – abgesehen von den meist inakzeptablen Haltungsbedingungen.

- **Wirkung:** stärkt die Nerven
- **Top-Inhaltsstoffe (Hähnchenbrust):** Selen, Eisen, Vitamine B_1, B_2 und Niacin
- **Beste Kombination:** Gebratene Hähnchenbrust mit einer kleinen Portion Kohlenhydrate (Kartoffeln, Pasta) zur optimalen Eiweißverwertung
- **Unser Tipp:** Hähnchenschenkel zu Ofentomaten und neuen Kartoffeln (siehe Seite 140)

Haferflocken

Wer sprichwörtlich vom Hafer gestochen ist, hat reichlich Lebensfreude und Energie. Kein Wunder: Das Getreide enthält die Nervenvitamine B_1 und B_6. Bausteine des Hafereiweißes sind zudem an der Entstehung aktivierender Hormone beteiligt. Gekochter Haferbrei am Morgen beruhigt den Magen.

- **Wirkung:** stärkt die Nerven, erhöht die Konzentration
- **Top-Inhaltsstoffe (Vollkornhafer):** Silicium, Magnesium, Eisen, Zink, B-Vitamine
- **Beste Kombination:** Haferflocken und Trockenfrüchte – reines Brainfood.
- **Unser Tipp:** Dörtes Lieblingsmüsli (siehe Seite 56)

Ingwer

Die asiatische Wunderwurzel gibt es auch bei uns seit einigen Jahren zu kaufen. Die Wirkung ist vielseitig: Die frische Schärfe aus dem enthaltenen Gingerol regt an, befreit die Gedanken und hebt die Laune. Darüber hinaus gilt Ingwer als natürliches Kopfschmerzmittel. Die chemische Struktur des Gingerol ähnelt nämlich der der Acetylsalicylsäure, einem der gängigsten Wirkstoffe gegen Schmerzen. Ingwer hilft, entzündliche Prozesse zu stoppen, und schützt vor Blutgerinnseln.

- **Wirkung:** anregend, befreiend
- **Top-Inhaltsstoffe:** Gingerol, ein Terpenoid (ätherisches Öl)
- **Beste Kombination:** dünne Ingwerscheibchen mit schwarzem oder grünem Tee oder einfach heißem Wasser überbrüht
- **Unser Tipp:** Mango-Ingwer-Smoothie (siehe Seite 58)

Knoblauch

Abgesehen von einer Anhäufung gesundheitlicher Schutzfunktionen wirkt die Superknolle auch auf die Regeneration unseres Gehirns. Ein französischer Forscher hat entdeckt, dass Knoblauch die Freisetzung von Serotonin beeinflusst. Ein höherer Grad an Serotonin im Gehirn wirkt sich in der Regel beruhigend und schlaffördernd aus.

- **Wirkung:** stressmildernd, depressionslindernd
- **Top-Inhaltsstoffe:** Alliin, Allicin, Ajoen (schwefelhaltige, bioaktive Substanzen mit antibakterieller und antiviraler Wirkung), Kalium, Vitamin C
- **Beste Kombination:** Roh gehackt mit Ingwer und Chili ergibt Knoblauch als Würzmischung einen regelrechten Power-Cocktail.
- **Unser Tipp:** Naan mit Ziegenkäse (siehe Seite 106)

Lachs

Der Meeresfisch ist reich an Omega-3-Fettsäuren, die Herz und Nerven schützen und so indirekt für gute Laune sorgen. Interessanterweise sind diese Fettsäuren auch für das Gehirn ausgesprochen wichtig. Bei Babys sind sie an der Hirnentwicklung beteiligt, und bei Erwachsen sorgen sie für eine bessere Signalübertragung.

- **Wirkung:** zum Lunch genossen aktivierend
- **Top-Inhaltsstoffe:** ungesättigte Fettsäuren, Jod, Vitamin D, Niacin, Vitamine B_6 und B_{12}
- **Beste Kombination:** Räucherlachs mit Meerrettich, die Schärfe hilft bei der Fettverdauung
- **Unser Tipp:** Sashimi vom Lachs mit edlem Gemüse (siehe Seite 96)

Mandeln

Sie sättigen, enthalten reichlich Vitamine und Mineralstoffe sowie wertvolle ungesättigte Fettsäuren – Mandeln und andere Kerne und Nüsse sind die ideale Zwischenmahlzeit für Kopfarbeiter. Nicht umsonst wird die Mischung aus Kernen, Nüssen und Trockenfrüchten Studentenfutter genannt: Sie versorgt das Gehirn mit leistungsfördernden Nährstoffen.

- **Wirkung:** konzentrationsfördernd
- **Top-Inhaltsstoffe:** ungesättigte Fettsäuren, Magnesium, Vitamin B_2, Folsäure
- **Beste Kombination:** Mit Trockenfrüchten als Studentenfutter – leckere Nervennahrung
- **Unser Tipp:** Dörtes Lieblingsmüsli (siehe Seite 56)

Mohn

Die kleinen schwarzen Samen des Mohns haben eine beruhigende Wirkung. Darüber hinaus warten sie mit einem konzentrierten Nährstoffcocktail auf, der sie auch gegenüber anderen Samen und Nüssen auszeichnet. Darunter das Antistressmineral Magnesium (gut 100 Gramm Mohn decken den Tagesbedarf) sowie das Nervenvitamin B_1 (100 g decken die Hälfte des Tagesbedarfs).

- **Wirkung:** beruhigend, stärkend
- **Top-Inhaltsstoffe:** Kalzium, Magnesium, Eisen, Zink, Vitamin B_1, Niacin, Folsäure, Pantothensäure und Biotin
- **Beste Kombination:** Gebratene Banane mit Honig und Mohn – das reinste Beruhigungselixier für ein gestresstes Nervenkostüm
- **Unser Tipp:** Black & White-Schnitten mit Birne (siehe Seite 48)

Nudeln

Nudeln machen glücklich, das hat man ja schon mal gehört. Und wenn man Kinder einen Teller Nudeln verputzen sieht, kann man das auch sofort bestätigen. Sie sind garantiert satt und zufrieden und wollen das am liebsten jeden Tag. Das hat auch seine Gründe: Die enthaltenen Kohlenhydrate bereiten den Weg für die Bildung des Glückshormons Serotonin im Gehirn. Vor allem abends, in nicht zu großen Portionen genossen, verhelfen sie uns zu einem guten Schlaf.

- Wirkung: beruhigend, befriedigend
- Top-Inhaltsstoffe: komplexe Kohlenhydrate. Vollkornnudeln liefern zusätzlich Ballaststoffe sowie Magnesium, Zink und B-Vitamine
- Beste Kombination: Kombiniert mit einer Eiweißquelle (Fleisch, Käse, Pilze) bieten sie die optimale Voraussetzung zur Serotoninbildung.
- **Unser Tipp:** Makkaroni-Tortilla mit Sardinenfilets (siehe Seite 172)

Parmesan

Die italienische Käsespezialität bietet einen der höchsten Eiweißanteile (35,6 %) unter allen Käsesorten. Weil er voll durchgereift und somit sehr konzentriert ist, ist auch der Gehalt an Mineralstoffen und Vitaminen vergleichsweise hoch. Sein Phenylalaningehalt beträgt 1,9 Gramm pro 100 Gramm und liegt im Spitzenbereich aller Lebensmittel. Dieser Eiweißbaustein ist Vorläufer des aktivierenden Botenstoffes Noradrenalin. Allerdings sollte man Parmesan aufgrund seines relativ hohen Fettgehalts nicht in Mengen essen, sondern nur geschickt zu den Mahlzeiten dosieren.

- Wirkung: anregend, ermunternd
- Top-Inhaltsstoffe: Kalzium, Zink, Jod, Eiweiß
- Beste Kombination: Parmesanspäne zu Salat heben das Aroma und die Laune.
- **Unser Tipp:** Friséesalat mit marinierten Pilzen (siehe Seite 76)

Tomate

Die botanische Zuordnung zu den Nachtschattengewächsen leitet fehl, denn das knallrote Gemüse führt absolut kein Schattendasein, sondern macht uns schon beim Ansehen Freude. Dazu kommen Vitamine und Mineralstoffe sowie der rote Farbstoff Lycopin. Er gehört zu den Carotinoiden und ist ein sogenanntes Antioxidans. Ähnlich wie Vitamin C und E schützt es die Zellen vor aggressiven Sauerstoffmolekülen.

- Wirkung: anregend, aufmunternd
- Top-Inhaltsstoffe: Karotinoide, allen voran der Gesundstoff Lycopin, Kalium und Folsäure
- Beste Kombination: Tomatensaft mit Salz und etwas Chili, macht fit und wach.
- **Unser Tipp:** Pikanter Tomaten-Mix (siehe Seite 60)

Zimt

Ätherische Öle wie Zimtaldehyd, Tannine und Harze machen den speziellen Inhaltsstoffmix des anheimelnd duftenden Gewürzes aus. Es wirkt wärmend sowie krampf- und angstlösend.

- Wirkung: beruhigend, besänftigend
- Top-Inhaltsstoffe: ätherische Öle
- Beste Kombination: Zimt ergänzt kohlenhydratreiche beruhigende Speisen wie Milchreis und Gebäck ideal.
- **Unser Tipp:** Genießer-Porridge mit Dattel-Pistazien-Topping (siehe Seite 54)

Zitrone

Um den wichtigen Psychorohstoff Tryptophan in Serotonin (siehe auch Hähnchenfleisch) verwandeln zu können, benötigt der Körper Vitamin C. Davon hat die gelbe Zitrusfrucht reichlich. Außerdem enthält sie Terpene, ätherische Öle, die die Schleimhaut reizen. In der Folge läuft uns das Wasser im Munde zusammen und die Verdauungsenzyme im Speichel können sofort mit der Spaltung von Kohlenhydraten beginnen.

- Wirkung: anregend
- Top-Inhaltsstoffe: Vitamin C
- Beste Kombination: Zitronensaft, Olivenöl, Salz, Pfeffer – das perfekte Dressing
- **Unser Tipp:** Mariniertes Trockenfleisch mit Selleriesalat (siehe Seite 82)

Step 2
Treiben Sie's bunt!

Welche Rolle die Pflanzenfarben für unsere Gesundheit spielen

Haben Sie schon mal genauer über die Pflanzen nachgedacht, die wir essen? Wir meinen nicht den Vitamingehalt oder ob sie aus konventionellem oder biologischem Anbau stammen, sondern wie sie wachsen und überleben: Ob Tomate, Apfelbaum, Salatkopf oder Sellerieknolle – sie alle sind während ihrer Entstehung und ihres Wachstums an einen festen Ort gebunden. Wenn es der Tomate im Sommer zu heiß wird, kann sie nicht mal eben in den Schatten gehen. Salatköpfe oder Kräuter werden über und in der Erde von Schädlingen angeknabbert. Früchte am Baum werden von Vögeln oder Würmern attackiert. Gegen all dies haben Pflanzen ein ausgeklügeltes System von Schutzstoffen entwickelt: Neben Kohlenhydraten, Eiweiß und Fett enthalten sie zahlreiche weitere Elemente mit beachtlichen physiologischen Eigenschaften. Diese bioaktiven Bestandteile sind wichtig für unsere Gesundheit und werden als sekundäre Pflanzenstoffe bezeichnet.

Ein faszinierendes Schutzsystem

Im Gegensatz zu Nährstoffen wie Kohlenhydraten, Proteinen und Fetten, die im primären Stoffwechsel gebildet werden, besitzen Pflanzen weit mehr als 10.000 organische Verbindungen, die als sekundär bezeichnet werden, weil sie im Stoffwechsel der Pflanzen keine unmittelbar lebenswichtige Funktion übernehmen. Dazu gehören zum Beispiel die Farbstoffe. Sie schützen die Pflanzen vor »Sonnenbrand« oder vor Fraßfeinden. Bitterstoffe oder schweflige Säuren bewirken, dass Schädlinge von ihnen ablassen. Andere Substanzen sorgen für einen bestimmten Geruch oder das Pflanzenwachstum generell. Der Effekt für unsere Gesundheit: Je vielfältiger unsere Pflanzenkost ist, desto mehr profitieren wir von diesen Schutzstoffen. Denn auch in unserem Organismus entfalten sie eine positive Wirkung. Wir verleiben uns das Schutzsystem quasi ein. Etwa den Schutz vor Krebs oder Herz-Kreislauf-Erkrankungen, den Schutz der Haut oder die Stärkung der Verdauung und des Immunsystems. Am besten ist eine im wahrsten Sinn des Wortes bunte Mischung aus Früchten, Beeren, Salat, Wurzeln, Fruchtgemüse, Kräutern, Pilzen und Nüssen. Dabei sollte das Gemüse im Vergleich zum Obst den größeren Anteil haben. Bei erwünschten 650 Gramm Pflanzenkost täglich sollten möglichst zwei Drittel auf Grünzeug und Co., ein Drittel auf Obst entfallen.

Sonnenschutz zum Essen

Dass wir die Schutzwirkung bestimmter Pflanzenstoffe tatsächlich über die Nahrung aufnehmen können, wird an einer Studie über den Tomatenfarbstoff Lycopin deutlich. Britische Wissenschaftler der Universitäten von Manchester und Newcastle konnten belegen, dass fünf Esslöffel Tomatenmark pro Tag ausreichen, um einen effektiven Sonnenschutz aufzubauen. Leider funktioniert das nicht mit frischen Tomaten, denn erst durch den Kochvorgang wird die Bioverfügbarkeit von Lycopin so weit erhöht, dass eine ausreichende Schutzwirkung eintritt. Der Haken: Sie müssen rechtzeitig beginnen, denn der Aufbau eines optimalen natürlichen Lichtschutzes dauert etwa zwei Monate und hält leider auch nur ungefähr zwei Wochen vor. Man muss die »Lichtschutzernährung« also den ganzen Sommer über fortsetzen und ganz wichtig: Man sollte Tomatenmark lieben!

Bunt ist gesund

Farbenfrohe Lebensmittel auf dem Teller machen nicht nur Appetit und gute Stimmung. Sie sind auch ein sichtbares Signal für Schutzstoffe. Hier erfahren Sie, welche Powerstoffe sich hinter welcher Farbe verbergen.

Grün

Grün ist die Farbe des Lebens. Das Blattgrün, Chlorophyll, ist notwendig für die Photosynthese, den Prozess, bei dem Pflanzen die Energie des Sonnenlichts in organische Substanz umwandeln. Weiterer Pluspunkt allen Grüns: der Mineralstoff Eisen. Er ist in Spinat, Feldsalat, Rosenkohl, Zuckerschoten und Kräutern enthalten. Wer wenig oder gar kein Fleisch isst, deckt seinen Bedarf daher am besten mit diesen Pflanzen. Reich an Vitamin C: Grünkohl, Brokkoli, Fenchel. Folsäure ist hitzeempfindlich, sodass sie beim Kochen praktisch vollständig verlorengeht. Brokkoli, Lauch, Spinat und Endivien enthalten diese – also nur kurz garen oder als Salat anrichten.

Gelb

Gelb verkörpert Reife, Wärme und Licht. Gelbe Früchte schmecken erfrischend säuerlich (Ananas, Zitrone, Physalis), gelbes Gemüse eher süßlich mild wie Kürbis, Kartoffel oder Zuckermais. Seine Körner enthalten Flavonole (von lateinisch: flavus = gelb), Pflanzenstoffe mit vitaminähnlichen Funktionen und antimikrobieller Wirkung. Außerdem enthalten in: Kartoffeln, Zwiebeln, Äpfeln (in der Schale). Auch der Allround-Fitmacher Vitamin C ist in gelben Lebensmitteln in überdurchschnittlich hohen Dosen vertreten. Zum Beispiel in: Zitronen, Grapefruit, Mango, Papaya, Physalis, Sanddorn, aber auch in gelben Paprikaschoten und Kartoffeln.

Rot

Rot steht für Emotionen, Attraktivität und Genuss. Tomaten haben – wenn sie im Freiland gewachsen und unter natürlichem Sonnenlicht gereift sind – einen besonders hohen Gehalt an Lycopin. Der Farbstoff aus der Familie der Carotinoide gilt als Schutzstoff für unsere Körperzellen. Außerdem enthalten in: Wassermelone und rosa Grapefruit. Er regt den Stoffwechsel an, fördert die Durchblutung und wirkt entzündungshemmend. Rote Früchte haben neben Vitamin C vor allem die Gruppe der blauroten Anthocyane zu bieten. Sie haben herz- und gefäßschützende Wirkung. Enthalten in: Beeren, Kirschen, Pflaumen, Rotkohl und Rotwein (aus der Traube).

Orangefarben

Ein weiterer Vertreter aus der sonnenfarbenen Gruppe sind die Carotinoide. In unserer Ernährung kommen etwa 50 Varianten davon vor, unter anderem Betacarotin (Karotten, Mango, Kürbis) und Zeaxanthin (Mais, Eigelb). Als Farbgeber sitzen sie vor allem in der Schale und den äußeren Schichten und schützen Pflanzen vor Sonneneinstrahlung. Besonders wichtig ist das sogenannte Betacarotin. Es ist die Vorstufe von Vitamin A und wird daher oft als Provitamin A bezeichnet. Vitamin A ist wichtig für eine gesunde Haut, stabile Knochen, das Sehvermögen und die Hormonbildung. Vitamin A stärkt die Abwehrkräfte, indem es die Immunreaktion verbessert.

Grüne Smoothies sind eine gute Möglichkeit für Salatmuffel, ihren Gemüseverzehr zu verbessern. Praktisch: Man kann auch Blattgrün von Möhren und roter Bete oder äußere Salatblätter verarbeiten, die sonst im Abfall landen.

Trendgetränk Grüne Smoothies

Obst und Gemüse bestehen bekanntlich zum größten Teil aus Wasser. Kein Wunder, dass etwas Flüssiges dabei herauskommt, wenn man das Grünzeug püriert. Außerdem schwindet das Volumen – jeder, der schon mal frischen Spinat oder Grünkohl zubereitet hat, weiß das. Ein Kopfsalat, ein Bund Petersilie, zwei Äpfel und eine Banane schnurren so im Handumdrehen zu einem halben Liter Fruchtbrei zusammen und können auf dem Weg ins Büro einfach weggeschlürft werden. So kommt man ohne Mühe zu einem vital- und ballaststoffreichen Frühstück, vorausgesetzt der Arbeitsweg führt an einem dieser neuen Saftläden vorbei. Selber machen ist da schon aufwendiger, das geht bei der Hardware los. Denn arrivierte Smoothie-Macher schwören auf leistungsstarke Mixer.

Hot Spin oder Slow Motion

Lohnt sich die Investition in einen teuren Turbo-Quirl mit hoher Drehzahl, oder tut es auch der normale Blender oder Stabmixer? Darüber besteht bisher keine Einigkeit zwischen den Geschwindigkeitsjunkies und den sogenannten Slow Juicern. Beide tragen – zum Teil widersprüchliche – Argumente vor. Doch was ist richtig? Gemütliche 100 Umdrehungen pro Minute oder schwindelerregende 30.000? Die Slow Juicer vertreten die Meinung, dass die Zellstruktur von Obst und Gemüse erhalten bleiben muss. So gelange weniger Sauerstoff in den Saft, der Enzyme und Nährstoffe zerstören könnte. Außerdem entwickelt sich weniger Wärme, die ebenfalls zu Verlusten bei den Inhaltsstoffen führt. Die Turbo-Mixer dagegen möchten die Zellstruktur durch Drehzahlen von bis zu 35.000 Umdrehungen pro Minute aufbrechen.

Dies setzt Antioxidantien wie Vitamin C und vor allem Chlorophyll erst richtig frei, sodass diese vollständiger vom Körper verarbeitet werden.

Fazit: Erwiesen ist, dass jede Weiterverarbeitung von Obst und Gemüse, sei es durch Mixen, Pressen, Pürieren oder Zentrifugieren, zwangsläufig zu Verlusten führt. Diese drohen vor allem auch, wenn Brei oder Saft nicht sofort verzehrt werden. Königsweg ist und bleibt der Verzehr von frisch geernteten, rohen Naturprodukten. Nicht zu unterschätzen ist übrigens das Kauen. Die Verdauung beginnt nämlich beim Zermahlen und Einspeicheln der Lebensmittel – der erste Schritt für bekömmlichen Genuss.

Alternative für Obst- und Gemüsemuffel

Wer frisches Obst und rohes Gemüse normalerweise meidet, für den sind Smoothies eine Alternative. Denn frisch zubereitet, stellen die Flüssigbreis, ob grün oder bunt, eine gute Möglichkeit dar, eine relativ große Menge an Obst und Gemüse auf einen Schlag zu verputzen. Von Fertigprodukten aus dem Supermarkt ist eher abzuraten, denn deren Qualität und Zusammensetzung ist oftmals nicht optimal, wie Untersuchungen von Stiftung Warentest und Ökotest ergaben.

Unreif ist ungesund: Über Kopfsalat im Winter

Wussten Sie, dass Treibhaussalate im Winter nicht nur langweilig schmecken, sondern auch eine andere Nährstoffzusammensetzung haben? Kopfsalat zum Beispiel enthält in der dunklen Jahreszeit mehr Nitrat. Der Grund: Der Stickstoffdünger wird aus Mangel an Sonnenlicht von den Pflanzen nicht vollständig verstoffwechselt. Dadurch steigt der Nitratgehalt. Nitrat wird in unserem Organismus jedoch unter ungünstigen Bedingungen zu Nitrit umgewandelt. Letzteres steht im Verdacht, Krebs zu erregen. Die bessere Wahl sind daher Wintersorten wie Feldsalat, Chicorée und Radicchio. Freilandsalat ist zudem von kräftiger Farbe und vollem Geschmack und damit reich an sekundären Pflanzenstoffen, die Schutz vor Herz- und Kreislauferkrankungen bieten.

Hätten Sie's gewusst?

Eine Studie belegt, dass ältere Japanerinnen mehr als 100 verschiedene Produkte pro Woche verarbeiten und essen. Hierzulande bereiten wir gerade mal 30 zu. Vielseitigkeit ist gesund und bringt Abwechslung auf den Teller.

Vielfalt ist gesund

Allein bei Tomaten gibt es eine riesige Auswahl. Etwa die großen gekerbten Ochsenherz-Tomaten, die Vierländer Platte aus dem Hamburger Umland, kleine Kirschtomaten in verschiedensten Farben, Eiertomaten oder schlichte runde Strauchtomaten. Probieren Sie am besten alle durch!

Stellen Sie sich auf die Probe: Wie viele Obst- und Gemüsesorten kennen und verwenden Sie in Ihrer Küche? Machen Sie den Test! Studieren Sie die folgende Liste und kreuzen Sie an, was Sie davon in den letzten vier Wochen verarbeitet haben. Anschließend machen Sie einen zweiten Durchgang und markieren, worauf Sie Appetit bekommen haben. Fertig ist die Inspirationsquelle für Ihren nächsten Einkauf!

Probieren Sie neue Gemüsesorten, Früchte, Kräuter und Gewürze, die Sie normalerweise nicht verwenden oder die Sie noch gar nicht kannten, aus. Gehen Sie auf den Markt und kaufen Sie etwas, das Sie bisher noch nie gegessen haben. Im Asia-Shop erhalten Sie beispielsweise exotische Kräuter wie Koriandergrün, Thai-Basilikum und Zitronengras, beim Gemüsehändler zusätzlich zur heimischen Ware Süßkartoffeln, Daikon-Rettich, Ingwer und vieles mehr.

○ ○ Ananas	○ ○ Feige	○ ○ Lauch	○ ○ Rosenkohl
○ ○ Apfel	○ ○ Feldsalat	○ ○ Limette	○ ○ Rote Bete
○ ○ Aubergine	○ ○ Fenchel	○ ○ Litchi	○ ○ Rote Zwiebel
○ ○ Austernpilz	○ ○ Frühlingszwiebel	○ ○ Lollo rosso	○ ○ Rotkohl
○ ○ Avocado	○ ○ Gemüsezwiebel	○ ○ Löwenzahn	○ ○ Rucola
○ ○ Banane	○ ○ Granatapfel	○ ○ Mandarine	○ ○ Salatgurke
○ ○ Basilikum	○ ○ Grapefruit	○ ○ Mango	○ ○ Schalotte
○ ○ Birne	○ ○ Grünkohl	○ ○ Mangold	○ ○ Schwarzwurzel
○ ○ Bleichsellerie	○ ○ Gurke	○ ○ Maracuja	○ ○ Shiitakepilz
○ ○ Blumenkohl	○ ○ Heidelbeere	○ ○ Minneola	○ ○ Spargel
○ ○ Bohnen	○ ○ Himbeere	○ ○ Mirabelle	○ ○ Spinat
○ ○ Bohnenkraut	○ ○ Ingwer	○ ○ Nektarine	○ ○ Stachelbeere
○ ○ Brokkoli	○ ○ Johannisbeere	○ ○ Okra	○ ○ Steckrübe
○ ○ Brombeere	○ ○ Kaki	○ ○ Orange	○ ○ Steinpilz
○ ○ Brunnenkresse	○ ○ Kapstachelbeere (Physalis)	○ ○ Pak choi	○ ○ Tomate
○ ○ Champignon	○ ○ Karotte	○ ○ Papaya	○ ○ Topinambur
○ ○ Chicorée	○ ○ Kartoffel	○ ○ Paprika	○ ○ Wassermelone
○ ○ Chinakohl	○ ○ Kerbel	○ ○ Passionsfrucht	○ ○ Weintraube
○ ○ Clementine	○ ○ Kirsche	○ ○ Pfifferlinge	○ ○ Weißkohl
○ ○ Cranberry	○ ○ Kiwi	○ ○ Pfirsich	○ ○ Wirsing
○ ○ Dattel	○ ○ Knoblauch	○ ○ Pflaume	○ ○ Zitrone
○ ○ Dicke Bohne	○ ○ Knollensellerie	○ ○ Quitte	○ ○ Zucchini
○ ○ Dill	○ ○ Kohlrabi	○ ○ Radicchio	○ ○ Zuckerschote
○ ○ Endivie	○ ○ Kokosnuss	○ ○ Radieschen	○ ○ Zuckermais
○ ○ Erbse	○ ○ Kopfsalat	○ ○ Rettich	○ ○ Zuckermelone
○ ○ Erdbeere	○ ○ Koriandergrün	○ ○ Rhabarber	○ ○ Zwiebel
○ ○ Esskastanie	○ ○ Kürbis	○ ○ Romanasalat	

Treiben Sie's bunt! Step 2

Step 3
Achtsamkeit

Warum es sich lohnt, den eigenen Instinkten zu vertrauen und zu spüren, was gut tut

Wie wir uns ernähren, hängt von vielen Faktoren ab. Ständig begegnen uns neue Produkte, Trends und Regeln, die immer wieder sagen: So sollst du essen, so sieht eine optimale Ernährung aus! Doch es gibt keine optimale Ernährung, die allgemeingültig ist. Jeder ist und isst individuell. Was auf der Strecke bleibt, ist unser gesunder Menschenverstand. Das Vertrauen, selbst zu wissen, was uns gut tut. Dabei ist es ganz leicht, wenn wir beginnen, mehr auf uns zu achten. Zum Beispiel mit »Hara hachi bunme«, das ist japanisch und bedeutet sinngemäß »iss nur so viel, bis du zu 80 Prozent gesättigt bist«. In der Praxis heißt dies: Beende die Mahlzeit, sobald sich das erste, leichte Sättigungsgefühl bemerkbar macht. Wer diese Regel beherzigt, muss sich nicht mit überschüssigen Pfunden herumschlagen.

Zen in der Kunst des Essens – Achtsamkeit statt Übermaß

Japan hat die weltweit niedrigste Rate an Übergewichtigen, und seine Bewohner haben eine überdurchschnittlich hohe Lebenserwartung. Ein Grund: Japans Esskultur kennt kein Übermaß. Volle Teller gelten als unelegant, was sich bereits an der Größe der Portionen zeigt. Sie sind um 30 bis 50 Prozent kleiner als in den USA oder Europa. Im Zen-geprägten Inselstaat steht nämlich die natürliche Schönheit der Produkte im Mittelpunkt. Farbe und Struktur sollen optimal zur Geltung kommen. Die einzelnen Zutaten werden meist getrennt zubereitet und vor dem Servieren liebevoll dekoriert. Von dieser Einstellung können wir eine ganze Menge lernen. Für unsere Rezepte haben wir uns diese Philosophie zu eigen gemacht. Das bedeutet: Alles ist leicht, frisch und bekömmlich.

Somatische Intelligenz – das intuitive Wissen unseres Körpers

Kleine Kinder wissen offenbar genau, was sie brauchen. Im Rahmen einer viel beachteten Studie der amerikanischen Kinderärztin Clara Marie Davis durften Kleinkinder aus einem Angebot von 34 verschiedenen Lebensmitteln frei auswählen, was und wie viel sie essen wollten. Das Ergebnis: Die Kids versorgten sich mit einer ausgewogenen, gesunden Mischkost. Sie aßen und tranken, wenn sie Hunger und Durst hatten, und hörten auf, sobald sie satt waren. Keines der Kinder entwickelte Über- oder Untergewicht. Und oft griffen sie auch noch nach genau den Lebensmitteln, deren Nährstoffe sie gerade besonders nötig brauchten. Diese Fähigkeit wird von Ernährungswissenschaftlern als somatische Intelligenz bezeichnet. Unser Organismus weiß demnach ganz genau, welche Nahrungsmittel er benötigt, und im Idealfall steuert er diesen Bedarf über Appetit und Lust oder aber Aversion und Ablehnung. Vielleicht sollten wir öfter mal den Verstand ausschalten und unserem Körper das Kommando übergeben …

Emotionaler Hunger – wenn die Seele Nahrung braucht

Bei uns Erwachsenen funktioniert das leider oft nicht mehr. Wir haben es schlicht verlernt. Zum Beispiel, weil man uns beibrachte, immer den Teller leer zu essen. Oder weil wir essen sollten, auch wenn wir gar keinen Hunger hatten. Dazu kommt der sogenannte emotionale Hunger. Also Hunger, der uns nicht aufgrund körperlicher Bedürfnisse essen lässt, sondern um seelische Bedürfnisse zu befriedigen. Etwa, weil wir Trost benötigen, um zur Ruhe zu kommen oder einem Konflikt aus dem Weg zu gehen. Psycho-Ernährungsexpertinnen wie Dr. Doris Wolf oder Maria Sanchez, die mit Übergewichtigen arbeiten, sagen: Essen hilft, unangenehme Gefühle zu bewältigen. Es ist eine einfache Möglichkeit, ein Wohlgefühl zu erzeugen. Schließlich haben wir schon als Kinder gelernt, dass es zur Belohnung etwas Süßes gibt. Diese emotionale Verknüpfung ist häufig die Ursache für Übergewicht. Deshalb ist es so wichtig, zu unterscheiden: Habe ich Hunger (körperlich) oder Appetit (seelisch)? Achten Sie mal darauf, wenn Sie das nächste Mal zwischendurch Lust auf Schokolade haben. Klar, ab und zu greift jeder aus Frust zu Süßem oder beruhigt seine Nerven mit einer Tüte Chips. Doch dieses Muster

Achtsamkeit heißt auch Wertschätzung gegenüber unserer Nahrung. Wer nicht auf Fleisch verzichten möchte, sollte darauf achten, dass die Tiere aus artgerechter Haltung stammen.

sollte nicht unser Ernährungsverhalten bestimmen. Dann ist es in der Regel notwendig, sich mit den tiefer liegenden Ursachen und Gefühlen auseinanderzusetzen. Unser Test »Welcher Ernährungstyp bin ich?« (siehe Seite 12–13) liefert Ihnen erste Anhaltspunkte.

Eine Studie mit übergewichtigen Frauen in Kalifornien ergab: Teilnehmerinnen, die neben einer gesunden Ernährung regelmäßig Achtsamkeitsübungen machten, hatten nach neun Wochen ihr Gewicht stärker reduziert und geringere Werte des Stresshormons Cortisol im Blut als die Kontrollgruppe. Die vermutete Ursache: Mehr Achtsamkeit sorgt dafür, dass unser Körper uns signalisiert, was er braucht, und wir daher weder zu viel noch zu wenig Nahrung aufnehmen.

Denk mal an das Kind in dir – und füttere dich selbst!

Wenn wir im Alltag einen Snack zu uns nehmen, geschieht das oft nebenbei. Wir verspüren Hunger und greifen zu dem, was uns gerade über den Weg läuft. Dabei gilt die Regel: Je größer der Hunger, desto größer die Gefahr, dass wir etwas Süßes, Salziges, Fettiges oder alles zusammen essen (Hunger macht nämlich ein bisschen unkritisch). Danach fühlen wir uns meist nicht gut, und damit ist nicht nur das schlechte Gewissen gemeint, sondern auch das Unwohlsein im Verdauungssystem. Ein einfacher Trick, um die Speisenauswahl positiv zu beeinflussen: Stellen Sie sich vor, Sie füttern ein kleines Kind. Sie wollen ihm nur das Beste geben, die Mahlzeit soll gesund, nahrhaft und sorgfältig zubereitet sein. Und nun versetzen Sie sich in die Rolle des Kindes. Möchten Sie ihm wirklich einen Burger mit Pommes frites oder einen Eisbecher geben?

Lebensmittel – essen, um zu Leben

In dem Begriff Lebensmittel steckt das Wort Leben. Sprich: Nahrung sollte lebendig sein, wertvolle Nährstoffe enthalten, sorgfältig hergestellt sein, schlicht gut für uns sein! Sobald wir diesen Anspruch an unsere Nahrung stellen, sehen wir vieles, was die Lebensmittelindustrie uns auftischt, plötzlich mit anderen Augen. Ist eine Tüte Gummibärchen ein Lebensmittel? Ist ein Fertiggericht aus der Mikrowelle ein Lebensmittel? Ist ein Stück bis zur Unkenntlichkeit zerkleinertes, paniertes und frittiertes Stück Huhn ein Lebensmittel? Dreimal nein! Ein Apfel, ein gutes Steak und ein mit Liebe gebackenes Brot: Das sind Lebensmittel! Wir sind in der luxuriösen Lage, aus einer Vielzahl von Produkten auswählen zu können, also nutzen wir die Chance, das Beste zu nehmen. Auch das bedeutet Achtsamkeit.

Nahrung aufnehmen – wie wir uns die Welt buchstäblich einverleiben

Beim Essen kommt unser Körper mit fremden Stoffen in Kontakt. Der Darm ist die größte Berührungsfläche mit der Außenwelt, und sie läuft mitten durch uns hindurch – auch wenn das im Verborgenen stattfindet. Mit 400–500 Quadratmetern hat diese Fläche ein unglaubliches Ausmaß: Sie ist so groß wie ein Fußballfeld! Im Vergleich dazu wirkt unsere Hautoberfläche mit 1–2 Quadratmetern geradezu winzig. Entsprechend sorgfältig sollten wir die Dinge, die wir uns einverleiben, auswählen. Bezüglich der Verträglichkeit müssen wir keine Angst haben. Unser Verdauungssystem ist ganz schön leistungsfähig und kommt mit so einigem klar. Dies soll ein Plädoyer für die Qualität unserer Nahrung sein: Sparen Sie nicht am falschen Ende, seien Sie großzügig, wenn Sie einkaufen. Vergessen Sie nicht – Ihr Körper verdient das Beste! In anderen Ländern wie Frankreich oder Italien geben die Menschen deutlich mehr Geld für hochwertige und auch mal teure Lebensmittel aus. Außerdem: Gute Qualität muss nicht teuer sein. Oft ist Naturbelassenes preiswerter als ein Fertiggericht. Schon das Einkaufen kann man zelebrieren und zum genussvollen Event machen.

Tiere essen – wie gehen wir mit Lebewesen um?

Zum Thema Achtsamkeit gehört natürlich auch die Art und Weise, wie man der Natur begegnet. Nicht jeder kann oder mag auf Fleisch verzichten, aber generell sollte beim Fleischgenuss gelten: Weniger ist mehr. Tierisches Eiweiß ist nämlich ein echter Luxus und steckt voller Energie. Entsprechend sparsam sollten wir es verzehren. Ein Beispiel: Um ein Kilogramm Rindfleisch zu erzeugen, ist das sechs- bis zehnfache an pflanzlicher Substanz erforderlich. Eine Tatsache, die zu berechtigter Kritik am hohen Fleischkonsum hierzulande führt, weil er Futtermittelimporte aus Drittweltländern nötig macht. Aus Ländern also, die ihre eigene Bevölkerung oftmals nicht ausreichend ernähren können. Tierhaltung ist daher eigentlich nur dort vertretbar, wo reichlich Grünland zur Verfügung steht, das für den Ackerbau ohnehin nicht geeignet wäre. Zum Beispiel auf unzugänglichen Almwiesen, auf Deichflächen oder dem Grasland von Neuseeland oder Irland.

Unsere vier Regeln zum Fleischkonsum

1. Artgerechte Tierhaltung.

Es muss nicht unbedingt Bio sein. Aber die Masttiere sollen in Freilandhaltung und unter lebenswerten Bedingungen wachsen können und am Ende ihres Lebens möglichst direkt auf dem Hof geschlachtet werden. So bleibt den Tieren der Stress langer Tiertransporte und der Schlachtfabriken erspart. Siehe auch: Step 4: »Einkaufen«

2. Weniger ist mehr.

Das große Gezeter um die grüne Forderung nach einem vegetarischen Tag pro Woche verstehen wir nicht. Zwei- bis dreimal pro Woche eine Hauptmahlzeit mit Fleisch oder Fisch reicht völlig aus, um alle Gelüste und Nährstoffbedürfnisse zu befriedigen! Bleiben drei bis vier Tage ohne, na und?!

3. Es muss nicht überall *Tier* drin sein.

Pizza, Nudelsaucen und Suppen schmecken wunderbar auch ohne Wurst-, Schinken- und Hühnchenbeigabe, zumal das darin verarbeitete Fleisch meist von minderer Qualität und aus tierverachtender Haltung stammt.

4. Möglichst alles verwerten.

Natürlich ist ein Stück Filet, ob vom Rind, Lamm, Huhn oder Schwein, ein besonderer Leckerbissen. Wer jedoch ausschließlich diese besten Stücke akzeptiert, muss sich die Frage gefallen lassen, was mit dem Rest passieren soll. Besser: Auch mal ein ganzes Huhn kaufen. Bei uns ergibt das ein leckeres Coq au Vin oder eine gehaltvolle Hühnersuppe und reichlich Haut, Fett und Knorpel für Hund Pauli.

Immer wieder Thema – wie oft soll ich essen?

Die Frage nach der Zahl der Mahlzeiten wird immer wieder ausgiebig diskutiert. Früher war klar: Es gab Frühstück, Mittag- und Abendessen und zu den Mahlzeiten hatten alle an einem Tisch zu sitzen – Ende der Diskussion. Dann änderte sich der Lebensstil. Die klassischen Mahlzeiten verloren an Bedeutung. Man aß zwischendurch, unterwegs oder gar nicht. Das Gefüge geriet durcheinander, und eine neue Ordnung fehlte. Stattdessen kamen neue, verwirrende Trends auf: Iss fünfmal täglich, lass zwischen den Mahlzeiten mindestens 4–5 Stunden Pause, verzichte niemals auf das Frühstück, iss nicht nach 18 Uhr. Und heute? Die neue Shred-Diät aus den USA empfiehlt sogar sieben Mahlzeiten täglich. Kein Mensch kann all diese Regeln befolgen. Wir meinen: Jeder sollte selbst herausfinden, ob er mit drei Mahlzeiten am Tag zufrieden und leistungsstark ist oder ob er sich wohler fühlt, wenn er mehrere kleine Mahlzeiten isst. Für den Snack-Esser ist allerdings wichtig, sich mit gesunden, sättigenden Stärkungen zu versorgen, die jederzeit griffbereit sein sollten. Dazu gehören Obst, Nüsse, Trockenfrüchte, Naturjoghurt, belegte Brötchen oder frisch gemixte Smoothies (siehe Seite 60).

Mitternachtsimbiss – nein danke!

Eine Regel gibt es allerdings: Spätes Essen belastet unseren Organismus. 18 Uhr, wie zum Teil gefordert, ist sicherlich eine Vorgabe, die viele aus praktischen Gründen nicht erfüllen können, aber nicht zu spät am Abend sollte mit dem Essen Schluss sein. Denn so lange der Körper noch mit der Verdauung beschäftigt ist, kann er sich nicht den wichtigen Regenerations- und Reparaturaufgaben widmen. Wer zu spät isst, behindert diese Vorgänge und belastet den Organismus. Dass spätes, schweres Essen uns sogar um den Schlaf bringen kann, hat sicher jeder schon mal am eigenen Leib zu spüren bekommen. Setzen Sie sich also selbst ein zeitliches Limit, das Ihrem Tagesablauf entspricht, und versuchen Sie, sich zumindest im Alltag daran zu halten. Aber das heißt natürlich nicht, dass die geselligen Abende zu zweit oder mit Freunden ab sofort tabu sind. Natürlich darf ein genussvolles Essen in Gesellschaft auch mal länger dauern und spät stattfinden – nur sollte es eben nicht zur Gewohnheit werden.

Werden Sie zum Beobachter!

Achtsamkeit ist eine innere Haltung. Wir nehmen die Position eines neutralen Beobachters ein und nähern uns unvoreingenommen und offen der äußeren und inneren Welt. Wir bemühen uns um möglichst bewusste und vollständige Wahrnehmung. Dazu gehört nicht nur, was unsere Sinne erleben, sondern auch was sich in unserem Körper und in unserer Gefühlswelt tut. Achtsamkeit kann helfen, sich Klarheit über bestimmte Lebensbereiche zu verschaffen, Dinge in eine neue Ordnung zu bringen. Außerdem ist Achtsamkeit ein natürliches und starkes Gegenmittel gegen Stress, Verunsicherung und Überforderung.

Achtsamkeit in Bezug auf die Ernährung führt dazu, dass wir uns besser kennenlernen. Wann bekomme ich Hunger? Worauf habe ich Appetit? Welche Gelüste stellen sich wann ein? Und beim Essen beziehen wir alle Sinne ein. Wonach duftet die Speise, wie ist ihre Konsistenz und ihr Geschmack? Schließlich: Wie fühle ich mich nach dem Verzehr? Dies kann zu einem bewussteren Umgang mit Lebensmitteln, zu bewussterem Genuss und mehr Freude am Essen führen. Und schließlich: Achtsamkeit fördert unser Selbstvertrauen, das heißt, das Vertrauen in die Weisheit des eigenen Organismus.

Kleine Übung:

Achtsamkeit und bewusster Genuss

Wohlgeschmack geht aus einer Summe von Sinneseindrücken hervor. Um das Bewusstsein zu schulen, zerlegen wir dieses Konglomerat jetzt einfach mal in seine Bestandteile. Aber wir brauchen noch ein Studienobjekt, zum Beispiel eine Kirschtomate …

Mal schauen: Wie heißt es so treffend? Das Auge isst mit! Klarer Fall! Den besten Beweis dafür halten Sie gerade in den Händen: Die Food-Fotos in diesem Kochbuch machen einem buchstäblich den Mund wässrig und regen zum Nachkochen und Ausprobieren an (ein herzliches Dankeschön an den Fotografen Götz Frage und die Stylistin Frauke Koops! Ihr seid ein tolles Team!). Aber zurück zu meiner kleinen Tomate. Die ist schön glänzend und rot und da, wo sie an der Rispe gehangen hat, befindet sich eine kleine dunkelgrüne Vertiefung wie eine Art Bauchnabel.

Jetzt wird getastet: Die Frucht fühlt sich glatt, kühl und ebenmäßig rund an. Den »Bauchnabel« kann ich mit den Fingerkuppen leicht erspüren. Wenn ich vorsichtig drücke, merke ich, dass die Frucht nicht mehr ganz prall ist. Die Haut gibt bereits etwas nach.

Nun kommt die Nase zum Einsatz: Da ist er auch schon, dieser typische Tomatengeruch. Aber wie soll ich den beschreiben? Er geht von diesem Nabel aus, weil da das Grün gesessen hat. Es ist ein ganz intensiver, würzig-frischer Duft mit ätherischen Noten.

Und ab in den Mund: Solange ich die kleine Tomate nur lutsche, ist da erstaunlich wenig herauszuschmecken, eigentlich gar nichts. Die Explosion kommt erst, wenn ich darauf beiße und die Frucht in meinem Mund zerplatzt. Jetzt dominieren Süße und Säure das Geschehen. Doch zum vollständigen Geschmackseindruck gehört unbedingt wieder der Geruchssinn. Er wird erst beim Schmatzen und Schlucken so richtig aktiv und rundet das jetzt noch würzigere Bild ab. Zusammen mit der feinen sensorischen Wahrnehmung von Zunge und Gaumen entsteht ein komplexes Sinnenbild: der Genuss!

Wem die Übung Spaß gemacht hat: Wir vertiefen das Thema in unserer »Genussschule« (Step 5).

Step 4
Einkaufen und sich dabei belohnen

Mit unserem Konsumverhalten beeinflussen wir nicht nur das Angebot, sondern auch, wie wir uns fühlen.

Wohlfühlernährung fängt bereits beim Einkaufen an – vorausgesetzt man nimmt sich die nötige Zeit dazu. Erfahrungsgemäß gelingt das nicht immer, dann kann der Einkauf schnell zum Stressfaktor mutieren. Viel besser ist es, von vornherein großzügig zu planen und ein Erlebnis daraus zu machen. Zum Beispiel, indem man über den Wochenmarkt schlendert, die Produkte probiert, hin und wieder mal ein Schwätzchen hält und in Ruhe das Gewünschte auswählt. So wird aus der lästigen Pflicht ein entspannter Spaziergang, der alle Sinne anspricht. Und beim Plausch mit den Erzeugern lässt sich viel Wissenswertes in Erfahrung bringen.

Essens-Schnäppchen-Jäger schaden sich selbst

Wie viel mir meine Ernährung wert ist, hat auch mit der Achtung zu tun, die ich mir entgegenbringe. Geld in gesunde Produkte zu investieren, bedeutet, das eigene Wohlbefinden zu fördern und sich etwas Gutes zu tun. Billiges Zeug zu futtern ist das Gegenteil davon. Außerdem: Wer bei Nahrungsmitteln immer nur auf Schnäppchen aus ist, sollte sich klar machen, dass diese Einstellung folgen für die Umwelt hat. Denn der dazugehörige Preiskampf wird auf dem Rücken von Mensch, Natur und Qualität ausgetragen. Wir sollten versuchen, durch unser Einkaufsverhalten auch lokale Hersteller zu fördern, die ihre Ware mit Sorgfalt und Liebe produzieren und für die Qualität, die sie bieten, höhere Preise verlangen müssen. Direktvermarkter in Ihrer Nähe finden Sie unter www.mensa-regio.de

Supermarktware auf dem Wochenmarkt

Auf den Marktständen der meisten Biobauern finden wir regionale Produkte aus eigener Herstellung. Dort erstehen wir saisonales Obst und Gemüse. Eigentlich ist das eine Selbstverständlichkeit, die hier nur Erwähnung findet, weil es auch andere Marktstände gibt. Man erkennt sie an der Größe und dem vielfältigen Angebot. Ihre üppige Auslage erinnert an die Gemüseabteilung großer Supermärkte, was nicht verwunderlich ist, denn es handelt sich um die gleiche Qualität. Was dort verkauft wird, wurde nämlich nicht selbst angebaut, sondern ganz früh morgens vom nächsten Großmarkt geholt. Wir haben wirklich nichts gegen Zwischenhändler und große Achtung vor Menschen, die zu nachtschlafender Zeit aufstehen, um ihre Arbeit zu machen. Doch den Wochenmarkt besuchen wir ja gerade, weil wir gern direkt von den Erzeugern kaufen möchten. Seien es Äpfel, Eier, Kartoffeln oder Wurstwaren. Wenn Sie nicht ganz sicher sind, lieber nachfragen.

Wer braucht das alles? Weniger ist mehr!

Wenn man durch einen sogenannten Vollsortimenter, also einen großen Supermarkt schlendert, kommt man im Schnitt an etwa 25.000 (!) Produkten vorbei. Kein Wunder, dass man dabei oft suchen muss und Dinge im Einkaufswagen landen, die nicht auf dem Einkaufszettel stehen. Hat man nach zahlreichen Besuchen endlich gelernt, wo was steht, wird der Laden umgebaut – damit der Kunde neue Anregungen erhält.

In Supermärkten befinden sich ganze Regalschluchten, mit einer Fülle von Produkten, die sich oft stark ähneln. Aber benötigen wir wirklich Tütensuppen und Würzmischungen, mit denen sich von Aufläufen bis Rouladen angeblich alles fix und fertig zubereiten lässt? Die Lebensmittelindustrie lebt davon, ständig neue Produkte zu erfinden. Dies geschieht häufig mithilfe von Aroma-, Farb-, Konservierungs- und anderen fragwürdigen Hilfsstoffen, die wir nicht wirklich brauchen.

Fleisch kaufen? Bitte nicht überall!

Immer mehr Menschen lehnen die konventionelle Massentierhaltung ab und möchten nicht, dass Lebewesen unnötiges Leid zugefügt wird. Sie versuchen, nur Fleisch aus artgerechter Haltung zu kaufen. Es muss nicht unbedingt aus biologischer Aufzucht stammen – wichtiger ist vielen die Behandlung der Tiere. Über ganz Deutschland verteilt finden sich Höfe und Metzgereien, die nur selbst aufgezogene Tiere verarbeiten. Die Rinder, Schweine, Hühner und Gänse werden mit eigenem Futter, auf eigenem Land gemästet und anschließend in der eigenen Hofschlachterei zu Fleisch- und Wurstprodukten verarbeitet. Der Vertrieb findet häufig direkt ab Hof und über lokale Wochenmärkte statt. Klar, dass Fleisch dieser Qualität seinen Preis hat. Das Internet erleichtert es, solche Betriebe zu finden: einfach Fleisch aus artgerechter Tierhaltung in eine Suchmaschine eingeben.

Eine Gemüsekiste vom Biobauern ist eine super Maßnahme, wenn man sich regional und saisonal ernähren möchte. Doch was anstellen mit Pastinake, Steckrübe und Co.? Ideen dafür finden Sie in unserem Rezeptteil ab Seite 44.

Unsere sechs Regeln für bewussten Einkauf

1 Fleisch aus artgerechter Tierhaltung bevorzugen

2 Produkte aus der Region kaufen, um die Transportwege kurz zu halten

3 Überfischte Meerestiere meiden (Fischratgeber auf: www.greenpeace.de)

4 Weniger Fleisch und Fisch essen, dafür bewusst genießen

5 Produkte meiden, die Fleisch als unnötige Beigabe enthalten (z. B. Pizza, Ravioli, Frühlingsrollen, Dosensuppen, Salate)

6 Fragen stellen. Erkundigen Sie sich bei Ihrem Verkäufer nach Herkunft und Haltungsbedingungen der Schlachttiere. Kritische Konsumenten haben einen größeren Einfluss, als man meint.

Schon mal was vom »Bruderhahn« gehört?

Dass uns Tiere am Herzen liegen, ist schon mehrfach angeklungen, und gerade beim Federvieh sind die Haltungsbedingungen besonders fragwürdig. Produkte aus Massentierställen kommen für uns daher nicht infrage, weder bei Hühnerfleisch, noch bei Eiern. Doch auch bei Eiern aus nachweislich artgerechter Haltung gibt es ein Problem: Das sind die Brüder! Seit es praktisch nur noch auf Legen spezialisierte Rassen gibt, werden die männlichen Küken systematisch aussortiert, vergast und geschreddert. Warum? Weil sie naturgemäß keine Eier legen und gleichzeitig zu wenig Fleisch ansetzen, um gewinnbringend vermarktet werden zu können.

Doch nun bahnt sich eine Lösung an: der Bruderhahn. Es gibt Biobetriebe (www.bruderhahn.com), die zu jeder Legehenne einen Hahn erwerben, der sonst dem Tod geweiht wäre, den sogenannten Bruderhahn. Er darf leben, auch wenn er eigentlich zu viel Futter verbraucht für das wenige Fleisch, das er ansetzt. Die Eier von diesen Höfen sind daher teurer, und zwar 4 Cent. 4 Cent mehr für ein Sonntagsei, das man mit ungetrübtem Wohlgefühl verputzen kann, finden wir mehr als in Ordnung. Denn Hühnereier sind eine echte Delikatesse, unglaublich lecker! Man schmeckt geradezu, wie nahrhaft und gesund sie sind.

Wenn wir uns vorstellen, sie wären extrem schwer zu bekommen und daher entsprechend teuer, wir würden, ohne zu zögern, das Mehrfache des heutigen Preises auf den Tisch legen, um ein paar davon zu ergattern. Wir finden: Gerade am Ei wird deutlich, wie sehr wir uns bereits an die Dumpingpreise der industriellen Tierhaltung gewöhnt haben.

Steinzeitprägung

Im Freiland gewachsene, saisonale Lebensmittel haben eine andere Nährstoffzusammensetzung als solche aus dem Gewächshaus. Und vielleicht haben gerade aus diesem Grund diejenigen Recht, die behaupten, dass wir diese Nahrungsmittel besonders gut vertragen. Folgt man dieser Theorie, so vertragen wir Pilze im Herbst besser, als im Frühling. Wie dem auch sei, auf jeden Fall spricht vieles dafür, saisonale und lokale Produkte zu bevorzugen – nicht zuletzt die bessere Qualität reifer Produkte, die kurze Transportwege zurückgelegt haben, bis sie bei uns auf dem Teller landen.

Die Bruderhahn-Initiative sorgt dafür, dass die Brüder der Legehennen eine Chance bekommen.

Step 5
Die große Genussschule

Der Schmeck-Workshop zum Mitmachen

Abwechslungsreich, sinnlich und lustvoll soll unsere Nahrung sein. Aber am wichtigsten ist, dass sie uns schmeckt! Dafür lohnt es sich, den eigenen Horizont zu erweitern und auf Entdeckungsreise zu gehen. Denn schmecken lernen heißt auch, bewusster zu genießen.

Wie funktioniert das eigentlich, schmecken?

Unsere Zunge ist in mehrere geschmackssensible Segmente aufgeteilt. An der Spitze sitzen die Rezeptoren für Süßes, dann folgen an den Zungenaußenseiten die Bereiche für salzige und saure Speisen. Bitterstoffe werden hingegen hauptsächlich hinten an der Zungenwurzel wahrgenommen. Die fünfte Geschmacksrichtung Umami, den sogenannten Fleischgeschmack, nehmen wir mit der Zungenmitte wahr. Schärfe ist übrigens keine Geschmacksrichtung, sondern wird von unserem Nervensystem wie ein Schmerzreiz verarbeitet.

Im Vergleich zu unserem Geruchssinn ist der Geschmackssinn relativ einfach strukturiert. So wird unsere »Schmeckfähigkeit« weitgehend vom Geruchssinn dominiert. Kurz gesagt: Unsere Nase entscheidet, ob uns etwas schmeckt oder nicht. Der Beweis: Haben wir einen Schnupfen, so ist auch unser Geschmackssinn außer Gefecht gesetzt. Sind wir jedoch gesund, gelangt ein großer Teil der Aromen über den hinteren Rachenraum zu den Riechrezeptoren. Beim Genuss von Wein greifen wir darauf zurück: Wir saugen beim Trinken Luft mit ein, schlürfen und lassen den Wein im Mund zirkulieren, um alle Aromen wahrzunehmen – eine wirksame Methode, das Geschmackserlebnis zu steigern.

Stöbern Sie in Ihrem Geschmacksgedächtnis

Einen Geruch oder Geschmack richtig zu erkennen bedeutet, dass wir ihn mit unserem Geschmacksarchiv abgleichen und nach der richtigen Entsprechung suchen. Haben wir sie gefunden, ist das kleine Rätsel gelöst. Träger der Information sind die Aromen, jene organischen Verbindungen, ohne die genussvolles Speisen nicht möglich wäre. Doch während es bei den fünf Geschmacksrichtungen noch recht übersichtlich zugeht, wird es bei den geschmacksgebenden Substanzen kompliziert.

In der Natur wurden bisher weit über 10.000 Aromastoffe gefunden, die in Millionen von Kombinationen in unserer Nahrung vorkommen. Die Lebensmittelindustrie verwendet weitere 2.500 synthetisch hergestellte Aromen. Entsprechen diese Stoffe in ihrer Molekularstruktur einem Vorbild aus der Natur, handelt es sich um naturidentische Aromen. Sind es reine Fantasieprodukte aus dem Chemielabor, so müssen diese als künstliche Aromastoffe gekennzeichnet werden. Doch auch bei einer dritten Gruppe, den sogenannten natürlichen Aromastoffen, haben Lebensmittelchemiker die Hand im Spiel: Zu deren Herstellung dürfen nämlich alle möglichen natürlichen pflanzlichen, tierischen oder mikrobiologischen (z. B. Hefen) Ausgangsmaterialien verwendet und vermischt werden. Ein Beispiel: In Erdbeerjoghurt mit »natürlichem Aroma« muss

Für volles Aroma Gewürze immer trocken, luftdicht und dunkel lagern. Auf keinen Fall direkt den Kochdämpfen aussetzen. Jahre alte Reste großzügig entsorgen, lieber immer mal neue kaufen!

keine einzige Erdbeere drin sein. Das Aroma kann ausschließlich aus anderen »natürlichen« Quellen stammen. Wer sichergehen will, dass echte Erdbeeren drin sind, für den gibt es zum Glück eine simple Alternative: Einen großen Becher Joghurt natur kaufen, frische Erdbeeren mit etwas Zucker pürieren, unterrühren – fertig ist der perfekte Erdbeerjoghurt! Einziger Nachteil: Funktioniert nur in der Erdbeersaison.

Laden Sie ein paar Freunde zum »Schnupperkurs« ein!

Wussten Sie, dass Geruchs- und Geschmackssinn verkümmern, wenn wir sie nicht benutzen? Ein guter Grund, mal zur Schmeckschule zu gehen und die Sinne auf die Probe zu stellen. Schmecken Sie den Unterschied zwischen Birne und Apfel, zwischen Karotten und Süßkartoffeln? Auch wenn alles in gleich große Würfel geschnitten wurde und Sie mit geschlossenen Augen probieren müssen? Wir sind gespannt ... Warum nicht gleich ein paar Freunde einladen und ein lustiges Happening daraus machen? Und am Ende wird aus all den Zutaten ein leckeres Essen zubereitet.

Früchte raten

Jetzt wird es konkret: Früchte mit vergleichbarer Konsistenz werden geschält, von Kernen und Kerngehäuse befreit, in Würfel geschnitten und nacheinander verkostet. Dafür eignen sich Apfel, Birne, Melone, Pfirsich und Nektarine. Schwieriger wird's, wenn die Teilnehmer mit verbunden Augen probieren. Noch schwieriger: verschiedene Apfelsorten herausschmecken, zum Beispiel Elstar, Braeburn, Granny Smith ...

Gemüse erschmecken

Nächste Aufgabe: Gemüse erkennen. Dafür werden verschiedene Sorten mit wenig Wasser und etwas Salz weich gedünstet und anschließend püriert (kann man prima vorbereiten). Gut geeignet: Kürbis, Süßkartoffeln, Karotten (sind alle orangefarben) sowie Pastinake, Kohlrabi oder Sellerie (alles hell-weißlich). Bei diesem Test versagen häufig selbst ausgewiesene Feinschmecker. Süßkartoffeln werden gern mit Möhren verwechselt, und Steckrüben sind vielen gänzlich unbekannt.

Schnuppertraining

Jetzt wird das Niveau noch ein wenig angehoben. Nur eine gute Nase kann dem Schmeckschüler weiterhelfen. Einfach ein paar verschließbare To-Go-Kaffeebecher mit verschiedenen Produkten befüllen. Infrage kommen Steinpilz- und Zitronenstücke, Rosenblätter, in Stücke gebrochene Zimtstange, in Scheiben geschnittener Ingwer oder, oder, oder – der Fantasie sind keine Grenzen gesetzt. Durch die vorhandene Öffnung muss nun der Inhalt der verschlossenen Becher erschnuppert werden. Typische Reaktion: Ja, das kenne ich ganz genau, aber wie heißt das noch? Die Verknüpfung von Geruchseindrücken und Sprache ist bei uns wenig trainiert. Der Effekt des Erkennens läuft in der Regel über das Auge. Wer nicht weiter weiß, darf natürlich den Deckel anheben ...

Kräuterkunde

Petersilie, Schnittlauch und Dill kennen sicher alle. Aber was ist mit Kerbel, Estragon, Rosmarin oder Thymian? In gut sortierten Supermärkten finden Sie inzwischen rund ein Dutzend verschiedener Kräuter. Waschen Sie sie, hacken Sie sie grob und füllen Sie kleine Portionen davon in kleine Schälchen. Dann wird reihum daran geschnuppert und probiert. Diskutieren Sie gemeinsam, welche ähnlich schmecken und welches Kraut zu welcher Speise passen könnte. Zur Auflösung können Sie ein Kochbuch mit Kräuterkunde heranziehen oder im Internet nachsehen. Kräuter verleihen Rezepten eine besondere Würze und liefern zudem Vitamine und wertvolle sekundäre Pflanzenstoffe.

Getränke nicht vergessen

Viele männliche Zeitgenossen haben ein Lieblingsbier, aber erkennen sie dies auch, wenn zwei weitere Pilsgläser vor ihnen stehen? Weiß- und Rotwein unterscheiden? Klingt kinderleicht, ist es aber nicht. Wenn Sie einen in Barrique ausgebauten Weißwein (zum Beispiel einen Chardonnay aus Kalifornien) mit geschlossenen Augen gegen einen gekühlten Rotwein verkosten, wird die Sache schon schwierig: Probieren Sie es aus!

Süße Variationen

So langsam geht's in Richtung Belohnung: Verschiedene Süßmittel wie Rohrohrzucker, brauner Zucker, Ahornsirup, Honig, Agavendicksaft, Rübensirup oder Melasse (alles aus dem Naturkostladen) werden in kleine Schälchen gefüllt und probiert. Die »Schüler« stellen ein Ranking von wenig süß bis sehr süß auf, das im Anschluss verglichen wird. Hier geht es nicht so sehr um das Erkennen der Produkte, sondern darum, die Vielfalt der Süßmittel kennenzulernen.

Zum Schluss dürfen noch einmal alle kreativ werden. Was zaubern wir aus den vorhandenen Zutaten? Vielleicht eine bunte Gemüsesuppe mit frischen Kräutern und anschließend einen leckeren Obstsalat. Lassen Sie sich von Ihren Gästen überraschen …

Die Rezepte

Frühstück	44
Salat	60
Vorspeise	78
Fisch	108
Fleisch	122
Vegetarisch & Vegan	140
Pasta	160
Süßes	174

Frühstück

Bittersüße Geschmacksexplosion:
Quesadillas mit Blue Stilton und Koriander-Minz-Pesto

Zubereitung: **30 Minuten**
Ergibt **3 Portionen**
(9 Quesadilla-Stücke)

Für das Pesto
1 Bund Koriandergrün
1 Bund frische Minze
50 g Cashewkerne
6 EL Olivenöl
Meersalz

Für die Quesadillas
3 Tortillawraps (Brot- oder Spezialitätenregal im Supermarkt)
3 EL Bitterorangenmarmelade
3 EL Blue Stilton
Olivenöl zum Bepinseln

Für das Pesto Koriander und Minze abbrausen, trocken schütteln und klein schneiden. 3 EL Kräuter abnehmen und beiseitestellen. Die Cashewkerne grob hacken und zusammen mit den Kräutern, dem Olivenöl und Meersalz in ein hohes, schlankes Gefäß geben. Alles mit dem Stabmixer zu einer glatten Masse pürieren.

Die Tortillawraps je zur Hälfte dünn mit Pesto und Orangenmarmelade bestreichen. Auf den Marmeladenhälften je 1 EL Blue Stilton fein zerbröseln. Die Pestohälften auf die Käseseiten klappen und vorsichtig andrücken. Die Tortillas auf beiden Seiten mit Olivenöl bepinseln. Die Grillpfanne erhitzen und die Tortillas darin nacheinander 1–2 Minuten pro Seite braten.

Die fertigen Tortillas in je drei Tortenstücke schneiden. Auf vorgewärmten Tellern anrichten und mit den aufgehobenen Kräutern bestreuen.

Tipp:
Wenn es schnell gehen soll, kaufen Sie einfach ein Glas fertiges Pesto Ihrer Wahl.

Wohlfühl-Bonus:
Kräuter sind reich an ätherischen Ölen, Eisen und Carotinoiden. Im Pesto kommen sie konzentriert zum Einsatz.

Süßer Start in den Tag:
French-Toast mit Kokos und Apfelkompott

Zubereitung: 15 Minuten
Ergibt 2 Portionen

1 großes Bio-Ei
1 Prise Meersalz
2 Scheiben Vollkorntoastbrot
4 EL Kokosraspel
1 kleiner säuerlicher Apfel (zum Beispiel Topaz)
100 ml Apfelsaft
1 EL Butter
Ahornsirup

Das Ei in einer Schüssel verquirlen, salzen und gleichmäßig auf zwei tiefe Teller verteilen. Die Toasts hineinlegen, mit dem Ei vollsaugen lassen und nach 5 Minuten wenden. Die Kokosraspel auf einen flachen Teller geben.

Inzwischen den Apfel waschen, vom Kerngehäuse befreien in 5–10 mm dicke Ringe schneiden. Die Apfelringe mit dem Apfelsaft in einem kleinen Topf zugedeckt bei geringer Temperatur 5 Minuten köcheln lassen.

Die Brote von beiden Seiten mit den Kokosraspeln panieren. Die Butter in einer Pfanne schmelzen und die Toasts bei mittlerer Temperatur darin braun braten. Mit den Apfelringen und etwas Ahornsirup servieren.

Wohlfühl-Bonus:
Mit diesem Toast kommen Sie voll auf Ihre Kosten und haben zudem eine halbe Portion Obst auf dem Fit-Konto.

Süß und pikant zugleich:
Black & White-Schnitten mit Birne

Zubereitung: 5 Minuten
Ergibt 2 Portionen

2 EL Crème fraîche
1 EL Orangenmarmelade
1 Milchbrötchen
2 kleine Scheiben Schwarzbrot
1 TL Feigensenf (ersatzweise süßer Senf)
50 g weicher Blauschimmelkäse (zum Beispiel Saint Agur)
1 reife Birne
1 EL Mohn
2 EL Schnittlauchröllchen

Die Crème fraîche und Orangenmarmelade miteinander verrühren. Das Milchbrötchen aufschneiden und damit bestreichen. Das Schwarzbrot zuerst dünn mit Feigensenf, dann dick mit Blauschimmelkäse bestreichen. Die Birne waschen, abtrocknen, vom Kerngehäuse befreien, in dünne Scheiben schneiden und mit Mohn bestreuen. Auf dem Schwarzbrot verteilen. Je eine Milchbrötchenhälfte auf eine Schwarzbrotscheibe klappen, halbieren, auf einem Teller anrichten und mit Schnittlauchröllchen bestreuen.

Wohlfühl-Bonus:
Eine Luxusschnitte für anspruchsvolle Frühstücker. Das Vollkornbrot sättigt nachhaltig, das Milchbrötchen sorgt für Extra-Genuss.

Unsere drei Lieblingsrezepte mit Ei:
Versunkenes Ei im Brot

Zubereitung: **10 Minuten**
Ergibt **2 Portionen**

2 Scheiben Kastenweißbrot, 2 cm dick
2 Bio-Eier (Größe M)
2 EL Butter
Salz
frisch gemahlener schwarzer Pfeffer

Mittig in jede Weißbrotscheibe ein rundes Loch von 4–5 cm Durchmesser pulen. Die Eier so in ein Schälchen aufschlagen, dass die Eigelbe heil bleiben.

In einer beschichteten Pfanne die Butter bei geringer Temperatur zerlassen. Die Brote hineinlegen und die Eigelbe mithilfe eines Esslöffels in die Aushöhlungen geben. Das Eiweiß darübergießen. Die Temperatur etwas erhöhen. Die Brote mit Salz und Pfeffer würzen, nach 2 Minuten wenden, noch 1 Minute braten und sofort servieren. Sie sind perfekt, wenn das Eigelb innen noch flüssig ist.

Eier und Schinken im Pastakörbchen

Zubereitung: **30 Minuten**
Ergibt **4 Portionen**

4 dünne Scheiben gekochter Schinken
200 g gekochte Spaghettini vom Vortag (entspricht 80 g Rohware)
4 EL Schnittlauchröllchen
3 EL Olivenöl
Meersalz
frisch gemahlener schwarzer Pfeffer
4 Bio-Eier (Größe S)

Den Backofen auf 200 °C vorheizen. Den Schinken in feine Streifen schneiden und mit den Spaghettini, dem Schnittlauch und 2 EL Olivenöl mischen; mit Salz und Pfeffer würzen.

Vier Papiermuffinförmchen mit dem restlichen Öl auspinseln und in eine Muffinbackform setzen. Die Nudeln hineingeben und in jedes »Körbchen« eine Mulde drücken. Je ein aufgeschlagenes Ei hineingeben und etwa 10 Minuten backen, bis das Eiweiß gestockt ist. Herausnehmen und aus den Förmchen lösen.

Ei im Glas mit Kräuterkrebsen

Zubereitung: **15 Minuten**
Ergibt **4 Portionen**

4 Bio-Eier
je ½ Bund Dill und Schnittlauch
1 Biozitrone
100 g Flusskrebse (aus dem Kühlregal)
Meersalz
frisch gemahlener schwarzer Pfeffer
2 EL gehackte Mandeln

Die Eier weich kochen. Die Kräuter abspülen, trocken schütteln und fein schneiden. Die Zitrone heiß abwaschen und vier Scheiben aus der Mitte herausschneiden. Aus den verbleibenden Hälften 2 EL Saft pressen und mit den Kräutern (2 EL zurückbehalten), Flusskrebsen, Salz und Pfeffer mischen. Die Mandeln unterheben.

Die Mischung auf vier nicht zu schmale Gläser verteilen. Die Eier pellen, in die Gläser geben, leicht zerteilen und mit den restlichen Kräutern garnieren. Salzen und pfeffern. Jeden Glasrand mit einer eingeschnittenen Zitronenscheibe garnieren. Dazu passt getoastetes Toastbrot.

Morgenmahlzeit für Kaufaule:
Mandelmilch mit Kleie und Erdbeeren

Zubereitung: **10 Minuten**
Ergibt **2 Portionen**

3 TL Mandelmus
2 TL Ahornsirup
1 kleine Banane
3 EL Kokosmilch
100 ml Milch
4 EL feine Haferkleie-Flocken
100 g Erdbeeren oder andere Beerenfrüchte (im Winter zum Beispiel ein paar Physalis)
2 Stängel Minze oder Melisse (nach Belieben)

Mandelmus und Ahornsirup mit 100 ml Wasser in ein hohes Rührgefäß füllen und mit dem Blender oder Stabmixer gut vermischen. Die Banane schälen, in Scheiben schneiden und mit der Kokosmilch und der Milch dazugeben. Alles zu einer homogenen Flüssigkeit verarbeiten.

Die Kleieflocken einrühren und ein paar Minuten quellen lassen. Die Erdbeeren waschen, putzen, verlesen und vierteln. Den Drink nochmals durchmixen und in zwei Gläser gießen, die Erdbeeren darauf anrichten. Nach Belieben mit Minze oder Melisse dekorieren.

Wohlfühl-Bonus:
Dieser Müslidrink ist ideal, wenn man morgens noch keine Lust hat, was Richtiges zu essen, denn er ist gehaltvoll und spendet Energie für den Tag. Und die leckeren Früchte liefern die erste Portion Vitamin C des Tages.

Besser als Nutella & Co.:
Vollkornbrot mit Apfel-Marzipan-Aufstrich

Zubereitung: **20 Minuten**
Ergibt **2 Brote**

Für den Aufstrich
2 kleine aromatische Äpfel (zum Beispiel Topaz oder Rubinette)
100 ml Apfelsaft
60 g Marzipanrohmasse
1 EL Zitronensaft

Außerdem
2 Scheiben Sonnenblumen-Vollkornbrot
2 EL Frischkäse
Zimt

Die Äpfel waschen, vierteln und vom Kerngehäuse befreien. Einen halben Apfel beiseitelegen. Die restlichen Viertel schälen, mittelfein raspeln und mit dem Apfelsaft in einen kleinen Topf geben. Das Marzipan fein würfeln und untermischen. Alles bei niedriger Temperatur 5 Minuten köcheln lassen, dabei rühren, bis sich das Marzipan aufgelöst hat. Den Aufstrich abkühlen lassen und anschließend mit Zitronensaft abschmecken.

Die Brote mit dem Frischkäse bestreichen. Dann den Apfel-Marzipan-Aufstrich daraufgeben. Den halben Apfel in feine Scheiben schneiden und die Brote damit anrichten. Mit einem Hauch Zimt bestauben.

Wohlfühl-Bonus:
Gesunde Alternative für Süßschnäbel. Denn Vitamine und Ballaststoffe aus Apfel und Vollkornbrot sind auch noch dabei.

Zugegeben, Haferbrei klingt nicht besonders attraktiv. Doch das klassische englische Frühstück darf man nicht unterschätzen. Porridge ist nämlich ein **supergesunder Einstieg in den Tag**. Es beruhigt den Magen, ist reich an ungesättigten Fettsäuren, löslichen Ballaststoffen und Eiweiß. Die im Hafer enthaltenen Glucane senken den Cholesterinspiegel und sind daher gut für das Herz. Und wenn man das Porridge so lecker zubereitet wie hier, denkt garantiert keiner an Krankenkost! Übrigens: Zugpferde bekamen früher reichlich Hafer, um Kraft zu tanken. Fiel die Portion etwas größer aus, wurden sie manchmal übermütig und waren entsprechend schwer zu bändigen. Daher stammt auch die Redewendung: *Den sticht der Hafer.*

Powerstart in den Tag:
Genießer-Porridge mit Dattel-Pistazien-Topping

Zubereitung: **10 Minuten**
Ergibt **2 Portionen**

6 EL feine Biovollkornhaferflocken
Salz
2 EL Sahne
2 EL Ahornsirup
6 getrocknete Datteln, entsteint
2 EL geröstete, gesalzene Pistazien
1 kleine Banane
Zimt

Für das Porridge die Haferflocken in etwa 400 ml Wasser in einem beschichteten Topf aufkochen, leicht salzen. Dann bei niedriger bis mittlerer Temperatur 4–5 Minuten quellen lassen. Dabei öfter mit dem Holzlöffel umrühren.

Das Porridge auf zwei tiefe Teller verteilen. Über jede Portion je 1 EL Sahne und Ahornsirup träufeln.

Die Datteln in kleine Würfel schneiden. Die Pistazien fein hacken, mit den Dattelwürfeln vermischen und über die beiden Portionen streuen. Die Banane schälen, in Scheiben schneiden und dazugeben. Das Porridge mit Zimt verfeinern.

Wohlfühl-Bonus:
Schützt das Herz durch lösliche Ballaststoffe, und B-Vitamine stärken die Nerven – ein idealer Start für einen stressigen Tag

Ich gebe es zu: Beim **Müsli** bin ich eigen. Irgendwas passt mir bei den Fertigmischungen immer nicht. Entweder sind Haselnüsse drin (die ich nicht vertrage) oder Schokolade (mag ich nur solo) oder Bananenchips (zu hart!) oder gepoppter Amaranth (schmeckt wie Styropor) oder, oder, oder … Wie gesagt, da bin ich anspruchsvoll. Irgendwann habe ich dann angefangen, meine Mischung selbst zu machen. Bei mir gehören auf jeden Fall Haferflocken dazu. Für die Gesundheit sind Sojaflocken (für Frauen!) und Kürbiskerne (für Männer!) drin. Für den leckeren Geschmack sorgt das leicht gesüßte Dinkelcrunch. Besonders köstlich unter den Trockenfrüchten sind Sauerkirschen (sehr fruchtig, süß und superaromatisch), Datteln geben eine geschmeidige Süße. Und der Clou: fluffige Kokoschips als Haube obendrauf … nicht zu verwechseln mit den kleineren Raspeln. Denn die gehen im Müsli unter!

Selbst gemacht schmeckt besser!
Dörtes Lieblingsmüsli

Zubereitung: 15 Minuten
Ergibt etwa 750 g Müsli
für etwa 15 Portionen

125 g feine Haferflocken
100 g kernige Dinkelflocken
50 g Sojaflocken
100 g Dinkelcrunch
2 EL geschrotete Leinsamen
2 EL Weizenkleie
2 EL Kürbiskern-Sonnenblumenkern-Mischung
50 g Walnusskerne
50 g Cashewkerne (ungesalzen)
50 g ganze, blanchierte Mandeln
6 getrocknete Datteln
50 g getrocknete Sauerkirschen oder Cranberrys
2 EL Golden Berries (getrocknete Physalis)
1 Handvoll Kokoschips

Eine große Tupperdose, ein großes Glas mit Deckel oder eine Blechdose mit Deckel zum Aufbewahren des Müslis bereitstellen.

Die Flocken, Crunch, Leinsamen, Kleie und den Kern-Mix hineingeben und grob mischen. Die Walnusskernhälften einmal durchbrechen und zugeben. Cashewkerne und Mandeln untermischen.

Jede Dattel in sechs Stücke schneiden, mit den Sauerkirschen (Kirschen trennen, falls sie in der Packung zusammenhaften) und Golden Berries dazugeben und leicht untermischen.

Zum Schluss eine Handvoll Kokoschips darauf verteilen und das Gefäß gut verschließen. Etwa 3 EL Müsli sind eine Portion – vielleicht muss man noch ein paar Nüsse rauspicken und dazugeben, sodass in jeder Portion auch alles drin ist.

Wahlweise Milch, Sojamilch, Kefir, Joghurt, Quark, Säfte und immer ein paar frische Früchte dazugeben. Lecker schmecken zum Beispiel eine halbe Banane und 2 EL Heidelbeeren.

Wohlfühl-Bonus:
Eine selbst gemachte Müslimischung garantiert, dass ich genau weiß, was drin ist, und dass es mir schmeckt. Dieser Basismix ist ausgewogen und reich an Vitaminen und Mineralstoffen.

Smoothies
Rot: Pikanter Tomaten-Mix

Zubereitung: **10 Minuten**
Ergibt **2 Gläser**

100 ml stückige Tomaten
(aus der Dose oder Packung)
200 ml Orangensaft
2 EL mildes Ajvar
(Paprikapaste aus dem Glas)
3–4 Spritzer Tabascosauce
2 TL Schnittlauchröllchen
2 Paprikaschnitze zum Dekorieren
(nach Belieben)

Tomaten, Orangensaft und Ajvar in ein hohes Gefäß oder einen Standmixer-Aufsatz geben und zu einem cremigen Drink pürieren. Wenn gewünscht, noch etwas Wasser zufügen.

Den Smoothie mit Tabascosauce abschmecken und in zwei Gläser gießen. Mit Schnittlauchröllchen bestreuen und nach Belieben mit zwei Paprikaschnitzen dekorieren. Möglichst frisch trinken.

Wohlfühl-Bonus:
Warum trinkt man eigentlich immer nur im Flugzeug Tomatensaft? Dieser Drink ist eine Luxusvariante davon, schmeckt zu Wasser und zu Lande und liefert dazu reichlich vom Schutzstoff Lycopin.

Orange: Mango-Ingwer-Smoothie

Zubereitung: **10 Minuten**
Ergibt **2 Gläser**

½ reife Mango
2 Blutorangen
1 haselnussgroßes Stück Ingwer
100 ml Mangosaft
3 Eiswürfel
2 Stängel Minze

Die Mango schälen, das Fruchtfleisch vom Stein schneiden und in ein hohes Gefäß oder einen Standmixer-Aufsatz geben. Eine Blutorange auspressen und den Saft zur Mango geben. Die andere Orange schälen, das Fruchtfleisch klein schneiden und ebenfalls zufügen. Den Ingwer schälen, den Saft durch die Knoblauchpresse direkt in die Mischung pressen. Den Mangosaft dazugießen.

Alles mit dem Pürierstab oder dem Standmixer (Blender) zu einem cremigen Drink verarbeiten. Die Eiswürfel zufügen und nochmals pürieren. Den Smoothie in zwei Gläser gießen, mit Minze dekorieren und möglichst frisch trinken.

Wohlfühl-Bonus:
Super fruchtig und ganz viel Vitamin C für die Abwehrkräfte.

Gelb: Bananen-Grapefruit-Shake

Zubereitung: 10 Minuten
Ergibt 2 Gläser

1 kleine, reife Banane
1 Grapefruit
1 EL Limettensirup
200 ml Kefir
2 EL Zitronensaft
4 Eiswürfel
Zitronenmelisse (nach Belieben)

Die Banane schälen, in Stücke schneiden und in ein hohes Gefäß oder einen Standmixer-Aufsatz geben. Die Grapefruit halbieren. Eine Hälfte auspressen und den Saft zugeben. Die andere Hälfte schälen, das Fruchtfleisch klein schneiden und ebenfalls zugeben. Dann Sirup, Kefir und Zitronensaft zufügen.

Alles zu einem cremigen Drink pürieren. In jedes Glas zwei Eiswürfel geben und den Drink darübergießen. Nach Belieben mit einem Stängel Zitronenmelisse dekorieren. Möglichst frisch trinken.

Wohlfühl-Bonus:
Schön frisch und säuerlich, aber nicht zu herb. Dank Kefir und Banane sättigt dieser Shake ziemlich nachhaltig.

Grün: Erbsen-Kokos-Drink

Zubereitung: 10 Minuten
Ergibt 2 Gläser

100 g TK-Erbsen
2 EL Kokosmilch
60 g Biosalatgurke
60 g Honigmelone
1 TL Schnittlauchröllchen
Pfeffer (nach Belieben)

Die Erbsen und die Kokosmilch in ein hohes Gefäß oder einen Standmixer-Aufsatz geben. Die Gurke waschen (nicht schälen), die Melone schälen und beides in grobe Stücke schneiden und zur Kokosmilch geben. Die Schnittlauchröllchen, bis auf ein paar zum Garnieren, ebenfalls zufügen.

Alles zu einem cremigen Drink pürieren. Dabei so viel Wasser zufügen, dass das Ganze sich gut pürieren und trinken lässt (etwa 100 ml). Nach Belieben mit Pfeffer abschmecken und mit Schnittlauchröllchen anrichten. Möglichst frisch trinken.

Wohlfühl-Bonus:
Ein grüner Smoothie für Einsteiger. Dank Kokosmilch und Melone ziemlich mild und gefällig im Geschmack und reich an Ballast- und Mineralstoffen.

Violett: Heidelbeer-Bete-Shake

Zubereitung: 10 Minuten
Ergibt 2 Gläser

150 g Heidelbeeren (frisch oder TK)
100 ml Rote-Bete-Saft
100 ml Apfel-Cranberry-Saft (beispielsweise von Voelkel)
3 Eiswürfel

Die frischen Heidelbeeren waschen und verlesen. Ein paar Beeren beiseitelegen, die restlichen – egal ob frisch oder tiefgekühlt – in ein hohes Gefäß oder einen Standmixer-Aufsatz geben. Die beiden Säfte zugießen. Nur bei frischen Beeren die Eiswürfel zugeben und alles zu einem cremigen Drink pürieren. Den Shake in zwei Gläser gießen und die restlichen Beeren daraufgeben. Am besten gleich trinken!

Wohlfühl-Bonus:
Heidelbeeren und Cranberrys sind reich an zellschützenden Anthocyanen. Die Kombination mit Rote-Bete-Saft sieht toll aus und schmeckt super.

Salat

Der Klassiker, diesmal im Asia-Style:
Krautsalat mit Melone und Thai-Basilikum

**Zubereitung: 15 Minuten
(ohne Ziehzeit)
Ergibt 2 Portionen**

Für den Krautsalat
½ **Spitzkohl (etwa 300 g, möglichst in Bioqualität)**
½ reife Cantaloupe-Melone
1 kleine Knolle Fenchel
2 Stängel frisches Thai-Basilikum
½ TL Chiliflocken
1 EL Erdnüsse

Für das Dressing
Saft von ½ Limette
1 EL heller Essig, zum Beispiel Apfelessig
2–3 EL Sojasauce
3 EL Rapsöl
1 TL kalt gepresstes Sesamöl

Für den Krautsalat den Spitzkohl vierteln, den Strunk entfernen und den Kohl mit der Küchenreibe raspeln oder in sehr dünne Streifen schneiden. Den Kohl in eine Schüssel geben und mit der Hand kräftig durchkneten, bis die Streifen mürbe werden und etwas Saft austritt.

Die Kerne aus der Cantaloupe-Melone entfernen, das Fruchtfleisch von der Schale schneiden und würfeln. Den Fenchel putzen, waschen, trocken tupfen, halbieren, vom Strunk befreien und in feine Streifen schneiden. Das Thai-Basilikum abbrausen, trocken schütteln und fein hacken. Alles mit den Chiliflocken unter den Krautsalat mischen.

Für das Dressing den Limettensaft, Essig, Sojasauce, Raps- und Sesamöl verquirlen und über dem Salat verteilen. Alles gut durchmischen und 20 Minuten ziehen lassen. Den Salat auf zwei Tellern anrichten und die Erdnüsse darüberstreuen.

Wohlfühl-Bonus:
Reichlich Ballaststoffe, Vitamin C und Carotin machen diese Rohkost zum supergesunden Genuss.

East meets West:
Japanischer Rindfleischsalat mit Pumpernickel

Zubereitung: 30 Minuten
(ohne Marinierzeit)
Ergibt 2 Portionen

Für den Salat
100 g Rinderfilet
2 EL Olivenöl zum Braten
1 kleiner Chicorée
½ Salatgurke
1 kleine rote Zwiebel
3 große Scheiben Pumpernickel
100 g Mungbohnensprossen
½ Bund Koriandergrün
1 TL Sesam
frisch gemahlener schwarzer Pfeffer
Salz
1 EL kalt gepresstes Sesamöl

Für die Marinade
2 EL Sojasauce
1 EL Balsamicoessig
Saft von ½ Limette
frisch gemahlener schwarzer Pfeffer

Das Rindfleisch in sehr feine Streifen schneiden. Für die Marinade Sojasauce, Balsamicoessig, Limettensaft und Pfeffer in einer kleinen Schüssel verquirlen. Das Rindfleisch hineingeben und gut 1 Stunde ziehen lassen.

Das Fleisch aus der Marinade nehmen und abtropfen lassen. Die Marinade aufbewahren. Das Olivenöl in einer beschichteten Pfanne oder dem Wok erhitzen und das Fleisch darin rundherum kurz anbraten. Mit der Marinade ablöschen, einmal aufkochen, vom Herd nehmen und abkühlen lassen. Die Fleischstreifen mit dem Bratsud in eine große Salatschüssel geben.

Das Gemüse waschen und abtrocknen. Den bitteren Strunk vom Chicorée entfernen, die Blätter klein schneiden. Die Gurke in Scheiben schneiden. Die Zwiebel schälen und in feine Ringe schneiden. Alles zum Fleisch geben und untermischen.

Den Pumpernickel zerbröseln und zum Salat geben. Die Sprossen abspülen, trocken schleudern und darüber verteilen. Alles vorsichtig mischen und auf zwei große tiefe Teller verteilen. Die Korianderblätter waschen, trocken schütteln und hacken. Zusammen mit dem Sesam über die Salatportionen streuen. Nach Belieben mit Pfeffer und wenig Salz abschmecken und mit dem Sesamöl beträufeln.

Wohlfühl-Bonus:
Durch das Marinieren dringen Säuren und Aromen in das Fleisch ein und machen es zarter, bekömmlicher und geschmacksintensiver.

> **Olivenöl – Qualität hat ihren Preis**
> Für hochwertiges Olivenöl gilt die gleiche Regel wie für guten Wein: Nur wenn der Hersteller auch der Abfüller ist, und sein Name und seine Adresse auf dem Etikett stehen, darf man wirklich gute Qualität erwarten. Solche Öle duften nach Heu und Artischocken, sie hinterlassen eine leichte Schärfe und Bitterkeit am Gaumen. Mit etwas Brot und Meersalz sind sie ein puristischer Genuss. Ihr Preis liegt allerdings ebenfalls in der Region eines guten Weins, nämlich zwischen 10 und 25 Euro pro Liter.

Gruß aus Mallorca:
Fenchel-Orangen-Salat mit aromatisiertem Meersalz

Zubereitung: 15 Minuten plus Ziehzeit
Ergibt 2 Portionen

2 große, reife, süße Bio-Orangen (zum Beispiel Navel)
2 EL Fleur de Sel (hochwertiges, handgeschöpftes Meersalz)
1 Knolle Fenchel
3 EL gutes, kalt gepresstes Olivenöl
frisch gemahlener Pfeffer

Für das Orangensalz mit einem Zestenreißer 1 EL feine Späne von der Orangenschale abziehen und fein hacken (oder die Schale mit einer feinen Reibe abreiben). Die Orangenzesten mit dem Meersalz in einen Mörser geben und grob zerstoßen. 1 Stunde durchziehen lassen.

Die Orangen dick schälen, sodass die weiße Haut mit entfernt wird. Das Fruchtfleisch in dicke Scheiben schneiden und auf einem großen, flachen Teller auslegen. Die Fenchelknolle waschen, abtrocknen, halbieren und den Strunk herausschneiden. Das grüne Fenchelkraut abschneiden, fein hacken und beiseitelegen. Die Knolle in feine Streifen schneiden oder hobeln und über den Orangenscheiben verteilen. Mit dem Olivenöl beträufeln. Orangensalz und grob gemahlenen schwarzen Pfeffer darüberstreuen und den Salat mit dem gehackten Fenchelgrün garnieren.

Tipp:
Machen Sie gleich etwas mehr von der Salzmischung. Sie schmeckt zu gegrilltem Fisch, auf Bauernbrot und natürlich zu Salaten. Innerhalb von 1 Monat verbrauchen.

Wohlfühl-Bonus:
Ein purer Genuss voller Vitamine. Bei so vielen naturbelassenen, hochwertigen Zutaten kann man nach Herzenslust zulangen.

Traditionsmarke Tabasco
Um 1860 mischte der Banker Edmund McIlhenny erstmalig zerstoßene Chilischoten, Salz und Essig und ließ die scharfe Brühe vergären. Heute steht das Ergebnis abgefüllt in hübschen kleinen Fläschchen in den Küchen der ganzen Welt. Die Rezeptur hat sich in den rund 150 Jahren nicht verändert. Das Gute daran: Tabascosauce enthält weder Konservierungsmittel noch Geschmacksverstärker! Deshalb ist der Klassiker aus Louisiana unser Favorit unter den scharfen Saucen.

Extraknackig und mit Herz:
Viergeteilter Romanasalat mit Salsa tricolore

Zubereitung: **20 Minuten**
Ergibt **2 Portionen**

Für den Salat
2 Herzen Romanasalat
2 EL Pinienkerne

Für die Salsa
1 kleine rote Paprikaschote
10 gelbe Kirschtomaten
2 Frühlingszwiebeln
3 EL kalt gepresstes Macadamianussöl
1 EL Apfelessig
1 EL Apfelsaft
1 TL Ahornsirup
1 paar Spritzer Tabascosauce
Meersalz
frisch gemahlener schwarzer Pfeffer

Die Salatherzen abbrausen, trocken tupfen und – falls nötig – die äußeren Blätter entfernen. Den Strunk etwas kürzen, nicht herausschneiden. Die Salatköpfe vierteln und auf zwei flache Teller verteilen.

Für die Salsa das Gemüse waschen, abtrocknen und putzen. Die Paprika in feine Würfel schneiden, die Kirschtomaten halbieren, die Frühlingszwiebeln in feine Ringe schneiden. Das Macadamianussöl, den Apfelessig, Apfelsaft und Ahornsirup sowie die Tabascosauce in einer kleinen Schüssel verquirlen. Das Gemüse dazugeben, untermischen und etwas ziehen lassen. Die Salsa mit Salz und Pfeffer abschmecken und über die Salatviertel träufeln.

Die Pinienkerne in einer beschichteten Pfanne ohne Fett leicht rösten und über den Salat streuen.

Tipp:
Die mit der Salsa getränkten Salatviertel kann man prima aus der Hand essen.

Wohlfühl-Bonus:
Tanken Sie Schutzstoffe für Ihre Zellen. Gemüse ist reich an Vitaminen, Mineralstoffen und sekundären Pflanzenstoffen. Je bunter, desto besser.

Wenn Sie mal nach Louisiana kommen, sollten Sie bei den McIlhennys vorbeischauen. Die Nachfahren irischer Einwanderer produzieren nämlich die weltbekannte Chilisauce: **Tabasco.** Das scharfe Zeug stammt von Avery Island, Mississippidelta. Seit 1860 befindet sich das Unternehmen in Familienbesitz. Vor ein paar Jahren durften wir es besichtigen. Die Gastgeber machten sich einen Spaß daraus, uns durch eine Halle zu führen, in der die Chili-Maische in Holzfässer abgefüllt wird. Während uns die Tränen in die Augen schossen und wir uns die Seele aus dem Leib husteten, erklärten die Jungs in aller Ruhe, wie die Produktion abläuft. Der scharfe, ätherische Geruch machte ihnen nichts mehr aus.

Eine tolle Frühlingskombination:
Mairübchen mit Erdbeeren und dem schnellsten Dressing der Welt

Zubereitung: 15 Minuten
Ergibt 2 Portionen

Für den Salat
1 Mairübchen
150 g Erdbeeren (nicht zu reif)
2 EL gesalzene Macadamianüsse
10 Blättchen Zitronenminze zum Garnieren

Für das Dressing
2 EL Olivenöl
1 EL Apfelessig
1 EL Sojasauce
1 TL Ahornsirup
ein paar Spritzer Tabascosauce

Das Mairübchen mit dem Sparschäler schälen. Die Erdbeeren waschen, putzen, abtrocknen. Rübchen in feine Stifte, Erdbeeren in kleine Stücke schneiden.

Alle Dressingzutaten in eine Schüssel geben und verquirlen. Die Salatzutaten unterheben und auf zwei kleine Schälchen verteilen. Die Macadamianüsse grob hacken und darüberstreuen. Mit der Zitronenminze garnieren.

Tipp:
Das schnellste Dressing der Welt können Sie auf Vorrat zubereiten: einfach die drei- oder vierfache Zutatenmenge in ein Schraubglas füllen, schütteln, fertig. Im Kühlschrank aufbewahren und nach Bedarf verbrauchen. Es ist 2–3 Wochen haltbar.

Wohlfühl-Bonus:
Das Salatdressing besteht aus fünf flüssigen Zutaten. Einfach zusammenschütten, verquirlen, fertig! Wenn's so schnell geht, bleibt Zeit für anderes.

Fruchtig-süß & pikant-exotisch:
Mangosalat mit Koriander und roten Zwiebeln

Zubereitung: 20 Minuten
Ergibt 4 **Portionen**

Für den Salat
1 Mango
1 feste, rotschalige Birne
1 grüne Paprikaschote
1 kleine rote Zwiebel
2 EL Erdnüsse
½ Bund Koriandergrün

Für das Dressing
1 Limette
2 EL Apfelsaft
1 EL kalt gepresstes Macadamianussöl
2 EL Sojasauce
etwa 1 TL Chiliflocken (je nach Schärfe)

Die Mango schälen. Das Fruchtfleisch zuerst vom Stein, dann in feine Scheiben und schließlich in Streifen schneiden. Die Birne waschen und abtrocknen. Das Kerngehäuse entfernen und die Frucht in feine Scheiben schneiden. Die Paprika waschen, abtrocknen, putzen und fein würfeln. Die Zwiebel schälen und in halbe Ringe schneiden. Die vorbereiteten Zutaten in eine Schüssel geben und vermischen oder auf vier Tellern anrichten.

Die Erdnüsse grob hacken. Den Koriander abbrausen und trocken schütteln. Die Blättchen abzupfen und fein schneiden.

Für das Dressing die Limette auspressen. Limettensaft, Apfelsaft, Macadamianussöl, Sojasauce und Chiliflocken verrühren. Das Dressing über den Salat geben und diesen mit Erdnüssen und Koriander garnieren.

Wohlfühl-Bonus:
Ein herrlich bunter Gemüse-Frucht-Mix, aufs Leckerste angemacht mit einem pikanten Dressing. Gesünder geht's nicht, denn er ist leicht und reich an Betacarotin.

Grünzeug für Genießer
Feldsalat findet man abgepackt in Kunststoffschälchen in den Gemüseabteilungen der meisten Supermärkte. Unserer Erfahrung nach ist vom Kauf jedoch eher abzuraten, denn statt kräftiger, sattgrüner Feldsalat-Büschel befindet sich darin oftmals nur eine blasse Loseblattsammlung, die das Waschen und Putzen nicht wert ist. Besser kauft man Feldsalat dort, wo er offen in Kisten angeboten wird, zum Beispiel auf dem Wochenmarkt oder im gut sortierten Gemüsegeschäft. So kann man sehen, worauf man sich einlässt, und erlebt zu Hause keine bösen Überraschungen. Das Gleiche gilt übrigens auch für Rucola.

Edel und puristisch:
Feldsalat mit Jakobsmuscheln und Granatapfeldressing

Zubereitung: **25 Minuten**
Ergibt **2 Portionen**

Für den Salat
1 Granatapfel
150 g Feldsalat
6 Jakobsmuscheln
2 EL Olivenöl zum Braten
4 EL Weißwein
Meersalz
frisch gemahlener schwarzer Pfeffer

Für das Dressing
2 EL Olivenöl
1 EL Balsamicoessig
Meersalz
frisch gemahlener schwarzer Pfeffer

Außerdem
Brotchips oder Mini-Brotstangen (gibt's im Brotregal im Supermarkt)

Den Granatapfel in der Mitte durchschneiden und eine Hälfte auspressen (wie eine Orange). Aus der anderen Hälfte die Kerne herauslösen. Dazu mit einem Holzlöffel kräftig auf die Schale schlagen und die Kerne in einer Schüssel auffangen. Die restlichen Kerne mit einer Gabel herauslösen.

Den Feldsalat sorgfältig waschen und trocken schleudern, gegebenenfalls die Wurzeln abschneiden. Die Blätter auf zwei flachen Tellern anrichten.

Die Jakobsmuscheln kalt abspülen und mit Küchenpapier abtrocknen. Das Olivenöl in einer kleinen Pfanne erhitzen und die Muscheln darin bei mittlerer Temperatur auf jeder Seite 2–3 Minuten braten. Die Muscheln herausnehmen und warm stellen. Den Herd auf niedrige Temperatur stellen, den Granatapfelsaft und Weißwein angießen, mit Salz und Pfeffer würzen und 2 Minuten köcheln lassen.

Aus dem Bratensud, dem Olivenöl und dem Balsamicoessig ein Dressing rühren. Mit Salz und Pfeffer abschmecken.

Je drei Jakobsmuscheln auf dem Feldsalat anrichten, Granatapfelkerne darauf verteilen und das Dressing darüberträufeln. Dazu Brotchips oder Mini-Brotstangen reichen.

Wohlfühl-Bonus:
Feldsalat ist wie alle grünen Blätter reich an Betacarotin und dem grünen Blattfarbstoff Chlorophyll. Beides sind wirksame Zellschutzstoffe, die ruhig öfter gefuttert werden dürfen!

Kopfsalate – leckeres Wasser in Blattform
Blattsalate bestehen zu über 90 Prozent aus Wasser. Weil sie schnell wachsen und eine große Oberfläche haben, nehmen sie Pflanzenschutzmittel und Kunstdünger in besonders starkem Maße auf. Für uns sind konventionell erzeugte Salate daher tabu. Und anders als bei Tomaten finden wir, dass Bioware hier auch geschmacklich vorn liegt (siehe auch »Treiben Sie's bunt« auf Seite 22).

Kesser Krauskopf:
Friséesalat mit marinierten Pilzen

Zubereitung: **30 Minuten**
Ergibt **4 Portionen**

1 Kopf Friséesalat (krause Endivie)
50 g alter Parmesan, fein gerieben
1 TL schwarzer Pfeffer, grob gemahlen

Für das marinierte Gemüse
1 rote Zwiebel
2 Knoblauchzehen
100 g Kräuterseitlinge oder Austernpilze
2 EL Olivenöl zum Braten
40 ml Rotwein
1 Zweig Rosmarin
1 TL Zucker
Meersalz

Für das Dressing
6 EL Olivenöl
3 EL weißer Balsamicoessig
3 EL Apfelsaft
2 TL mittelscharfer, körniger Senf

Außerdem
1 frisches Baguette vom Bäcker

Für das marinierte Gemüse Zwiebel und Knoblauch schälen. Die Zwiebel in acht bis zehn Spalten schneiden. Den Knoblauch fein hacken. Die Pilze putzen und in breite Streifen schneiden. Das Olivenöl in einer Pfanne erhitzen, Zwiebeln, Knoblauch und Pilze darin kurz anschwitzen. Den Rotwein angießen, Rosmarinzweig, Zucker und Salz zugeben, 2 Minuten köcheln und dann abkühlen lassen. Die Pfanne nicht spülen.

Den Salatkopf in Blätter teilen, waschen und trocken schleudern. Für das Dressing in einer großen Schüssel Olivenöl, Balsamicoessig, Apfelsaft und Senf verrühren. Die Salatblätter dazugeben, sorgfältig unterheben und auf vier tiefe Teller verteilen.

Zwiebeln und Pilze auf dem Salat anrichten. Parmesan und Pfeffer in einer kleinen Schale mischen und darüberstreuen. Das Baguette in Scheiben schneiden und kurz im Bratsud braten, zum Salat servieren.

Wohlfühl-Bonus:
Friséesalat enthält reichlich gesunde Bitterstoffe, die die Verdauung anregen sowie Leber und Galle stimulieren. Weitere Leberfreunde: Chicorée, Radicchio und Artischocken.

> **Tomaten – probieren Sie sich durch**
> Wir schmecken leider keinen Unterschied zwischen Bioware und konventionell erzeugten Tomaten. Und auch teure Luxussorten wie Ochsenherztomaten (Cœur de Bœuf) oder Vierländer Platte müssen nicht zwangsläufig vor Aroma strotzen. Daher lohnt es sich, verschiedene Quellen und Sorten zu vergleichen. Und: Auch wenn Tomaten das ganze Jahr über angeboten werden, darf man nicht vergessen, dass sie ein saisonales Produkt sind. Die beste Zeit für Freilandtomaten ist der Spätsommer, also die Zeit ab August. Dann haben sie genug Sonne getankt, um ihr volles Aroma zu entwickeln. Für den Einsatz am Herd sind übrigens geschälte Tomaten aus der Dose eine Alternative (siehe Seite 144).

Schmeckt nach Sommer:
Mediterraner Linsen-Tomaten-Salat

Zubereitung: **20 Minuten**
Ergibt **2 Portionen**

Für den Salat
120 g rote Linsen
400 ml Gemüsebrühe
6 kleine, aromatische Tomaten
½ rote Paprikaschote
½ süße Zwiebel
1 Handvoll Basilikum

Für das Dressing
Saft von ½ Zitrone
3 EL Walnussöl
1 Knoblauchzehe
Meersalz
frisch gemahlener schwarzer Pfeffer

Die Linsen mit der Gemüsebrühe in einen Topf geben, aufkochen und etwa 10 Minuten bei niedriger Temperatur garen. Abseihen und abkühlen lassen. Inzwischen Tomaten und Paprika waschen, abtrocknen, putzen und klein schneiden. Die Zwiebel schälen und würfeln. Das Basilikum waschen und trocken schütteln. Zwei Stängel zum Garnieren beiseitelegen, den Rest fein schneiden.

Den Zitronensaft und das Walnussöl unter die abgekühlten Linsen rühren. Die Knoblauchzehe durch die Knoblauchpresse direkt zum Salat pressen und diesen kräftig mit Salz und Pfeffer würzen. Die vorbereiteten Salatzutaten hinzufügen und untermengen. Den Salat abschmecken und auf zwei Schälchen verteilen. Die übrigen Basilikumblätter von den Stielen zupfen und darüberstreuen.

Wohlfühl-Bonus:
Rote Linsen sind das Fastfood unter den Hülsenfrüchten. Sie sind in wenigen Minuten gar und schmecken auch als Salat ausgezeichnet. Das Walnussöl steuert nicht nur sein tolles Aroma bei, sondern enthält auch wertvolle ungesättigte Fettsäuren.

Vorspeise

Inspiriert von arabischen Mezze:
Karotten mit karamellisierten Walnüssen und Kressejoghurt

Zubereitung: **15 Minuten**
Ergibt **2 Portionen**

2 dicke Karotten
2 EL Olivenöl zum Braten
Meersalz
frisch gemahlener schwarzer Pfeffer
1 EL Honig
80 g Walnusskerne

Für den Kressejoghurt
150 g Vollmilchjoghurt
1 Schälchen Kresse
Meersalz

Die Karotten waschen, putzen und schräg in Scheiben schneiden. Das Olivenöl in einer großen, beschichteten Pfanne erhitzen. Die Karotten dazugeben und unter Wenden bei mittlerer Temperatur 6–8 Minuten goldbraun braten, herausnehmen, mit Salz und Pfeffer würzen und warm stellen. Den Honig in die Pfanne geben und bei geringer Temperatur schmelzen lassen. Die Walnüsse dazugeben und die Temperatur unter ständigem Rühren erhöhen, bis die Nüsse leicht karamellisiert sind. Die Walnüsse an den Pfannenrand schieben, die Karotten wieder in die Pfanne geben, den Herd ausschalten.

Den Joghurt in ein Schälchen geben. Das Kressebeet mit einer Küchenschere abernten, 1 EL Kresse zum Garnieren aufheben. Übrige Kresse und etwas Salz zum Joghurt geben und unterrühren.

Die Karotten und karamellisierten Walnüsse auf zwei kleine Teller geben und mit dem Kressejoghurt anrichten. Die restliche Kresse darüberstreuen.

Wohlfühl-Bonus:
Karotten sind reich an Betacarotin (Provitamin A), und das ist gut fürs Immunsystem. Um die Vitaminvorstufe optimal aufnehmen zu können, benötigt man etwas Fett. Ein Problem, das hier vortrefflich gelöst ist.

Unser Hund Pauli ist ein großer Menschenfreund. Wenn es sich einrichten lässt, nehmen wir ihn überallhin mit, zuletzt sogar in den Ski-Urlaub. Wir haben nämlich ein hundefreundliches Hotel entdeckt. Im Ermitage (www.ermitage.ch) kümmern sie sich um deinen Hund – wirklich! Und das Beste: Im Ermitage wird auch ganz hervorragend gekocht. Wir haben dort eine Vorspeise kennengelernt, für die sie eine besondere lokale Spezialität verwenden: **Trockenfleisch vom Simmentaler Rind**. Erstaunlicherweise wird es für dieses Rezept mariniert, worauf man bei Trockenfleisch erst mal kommen muss. Wie sie das machen, haben uns Küchenchef Uwe Seegert und sein Sous-Chef Matthias Wolf verraten – vielen Dank die Herren!

Fünf-Sterne-Starter:
Mariniertes Trockenfleisch mit Selleriesalat

Zubereitung: 40 Minuten
(ohne Marinierzeit)
Ergibt 4 Portionen

50 g Bündner Fleisch in sehr dünnen Scheiben (Trockenfleisch vom Simmentaler Rind ist schwer zu bekommen.)
1 kleine Knolle Sellerie (etwa 250 g)
Salz
1 Schälchen Kresse

Für die Marinade
2 EL heller Balsamicoessig
1 TL Senf
Zucker
Salz
2 EL kalt gepresstes Olivenöl
2 EL Sonnenblumenöl

Für das Dressing
1 TL Senf
1 EL Zitronensaft
2 EL kalt gepresstes Olivenöl
2 EL Crème fraîche
Salz
frisch gemahlener schwarzer Pfeffer

Außerdem
knuspriges Baguette

Für die Marinade Essig, Senf, Zucker und Salz glatt verrühren. Anschließend das Öl tröpfchenweise mit dem Schneebesen unterschlagen. Die Marinade in eine flache Schale füllen und das Bündner Fleisch nach und nach hineinlegen, sodass alle Scheiben mit Flüssigkeit bedeckt sind. Kühl stellen und über Nacht durchziehen lassen.

Die Sellerieknolle schälen, vierteln und in wenig gesalzenem Wasser zugedeckt etwa 15 Minuten garen. Inzwischen alle Zutaten für das Dressing glatt verrühren. Die Sellerieviertel abkühlen lassen und in feine Stifte schneiden. Vorsichtig mit dem Dressing mischen, abschmecken.

Die Selleriesalat in vier kleine Schälchen oder Tassen füllen und auf große Teller stellen. Die Fleischscheiben abtropfen lassen und um den Salat herum anrichten. Die restliche Marinade noch einmal verquirlen und über das Bündner Fleisch träufeln. Die Kresse abschneiden und darüberstreuen. Dazu frisches Baguette reichen.

Wohlfühl-Bonus:
Eine leichte Vorspeise, deren säuerliches Dressing den Magen anregt und wie ein Aperitif wirkt.

Es gibt Rezepte, die nur einmal im Jahr zubereitet werden. In unserer Familie sind das die mit luftgetrocknetem Schinken umwickelten **Palmenherzen** an Heiligabend. Dazu gibt es Mandelmayonnaise. Leider weiß Jeskos Mutter nicht mehr genau, woher sie das Rezept hat. Vermutlich aus der Zeit, als sie noch Redakteurin bei der *Constanze* war, sagt sie. Da die erste Frauenzeitschrift der deutschen Nachkriegsgeschichte bereits 1969 eingestellt wurde, muss das um die 50 Jahre her sein!

Alle Jahre wieder:
Palmenherzen mit Mandelmayonnaise und »Pata Negra«

Zubereitung: 20 Minuten
(ohne Marinierzeit)
Ergibt 4 Portionen

1 kleine Dose (400 g) Palmenherzen (Palmitos)

Für die Marinade
1 EL Balsamicoessig
2 EL Olivenöl
Meersalz
frisch gemahlener schwarzer Pfeffer
1 Prise Zucker

Für die Mandelmayonnaise
1 hart gekochtes Bio-Ei
40 g Mandeln
2 EL Mayonnaise
½ TL Senf
Meersalz
frisch gemahlener schwarzer Pfeffer
Currypulver
4 Scheiben Jamón ibérico

Die Palmenherzen abtropfen lassen und mit Küchenpapier abtrocknen. Für die Marinade Essig, Öl, Salz, Pfeffer und Zucker verrühren. Die Palmenherzen darin 1 Stunde ziehen lassen.

Inzwischen das hart gekochte Ei und die Mandeln fein hacken, in eine Schüssel geben und mit der Mayonnaise und dem Senf mischen. Mit Salz, Pfeffer und Currypulver abschmecken.

Die Palmenherzen aus der Marinade nehmen, abtropfen lassen und in je eine Scheibe Pata Negra einrollen. Die Röllchen mit der Mayonnaise auf flachen Tellern anrichten.

Tipp: Schinken vom glücklichen Schwein
Pata-Negra-Schinken stammt von Ibérico-Schweinen, einer spanischen Rasse mit schwarzer Haut. Da diese Schweine häufig auch schwarz gefärbte Klauen haben, nannte man den Schinken *pata negra*. Heute ist diese Bezeichnung in Spanien verboten. Sie wurde durch Jamón ibérico ersetzt. Beim Jamón ibérico de Bellota (Bellota = Eicheln) wachsen die Tiere unter freiem Himmel auf und ernähren sich vorzugsweise von Eicheln. Das gibt dem Schinken den typisch nussigen Geschmack.

Wohlfühl-Bonus:
Das Fett von artgerecht gehaltenen Tieren dürfen Sie ruhig mitessen. Untersuchungen haben gezeigt, dass die Fettsäurezusammensetzung umso gesünder ist, je mehr die Tiere im Freien und auf Weiden gehalten werden.

Genuss mit Durchblick:
Klare Tomatenessenz mit Sherry

Zubereitung: 30 Minuten
Ergibt 4 Portionen

3 Stängel Liebstöckel
1 rote Zwiebel
2 Knoblauchzehen
2 EL Olivenöl
500 g Tomaten
Meersalz
frisch gemahlener schwarzer Pfeffer
1 EL Zucker
1 Glas Rinderfond (400–500 ml)
40 ml Sherry
2 Stängel Kerbel

Außerdem
1 kleines Fladenbrot oder Ciabatta

Den Liebstöckel abbrausen und trocken tupfen. Die rote Zwiebel und den Knoblauch schälen. Alles fein schneiden und in einem Topf im heißen Olivenöl anschwitzen.

Die Tomaten mit kochendem Wasser überbrühen, mit einer Schöpfkelle herausnehmen. Die Tomaten am Stielansatz kreuzweise einschneiden und enthäuten. Eine Tomate vierteln, entkernen und in feine Streifen schneiden, beiseitestellen. Die übrigen Tomaten vom Stielansatz befreien, würfeln und mit Salz, Pfeffer und dem Zucker zu der Zwiebelmischung in den Topf geben. Rinderfond und Sherry angießen und alles 20 Minuten bei geringer Temperatur köcheln lassen. Ein Sieb mit einem Passiertuch (Mulltuch) auslegen und die Tomatensuppe durchseihen. Anschließend in einem sauberen Topf erneut erhitzen und mit Salz und Zucker abschmecken.

Die Kerbelblättchen abzupfen. Die Tomatenstreifen auf vier tiefe Teller verteilen. Die Suppe darüberschöpfen und mit Kerbel dekorieren. Dazu das Fladenbrot oder Ciabatta reichen.

Tipp:
Als Suppeneinlage eignen sich Limettengnocchi (siehe Seite 132).

Wohlfühl-Bonus:
Eine klare, aromatische Suppe regt die Verdauung an, ohne zu belasten – der ideale Start in ein genussvolles, gesundes Mahl.

Im vergangenen Jahr habe ich an der Nordseeküste zwei Damen kennengelernt, die täglich etwa einen Zentner **Krabben mit der Hand pulen**. Das war in der Fischerstube in Wremen (nicht Bremen!), wo ich die Chefin und ihre beste Freundin porträtieren sollte. Um 6 Uhr morgens waren die Krabben vom Kutter gekommen, und jetzt standen sie zu Tausenden in zwei Kisten auf dem Küchentisch. Traute Friedhoff und Freundin Inge Adickes haben mir erst mal gezeigt, wie das mit dem Pulen geht. Für das XXL-Krabbenbrot, das ich mittags serviert bekam, hätte ich Tage gebraucht. Das Brot verschwand unter dem riesigen Berg Krabben. Mann, war das lecker!

Jesko lernt Krabben pulen:
Avocado mit den frischesten Nordseekrabben der Welt

Zubereitung: 10 Minuten
Ergibt 2 Portionen

1 reife, runde Avocado
(zum Beispiel die Sorte Hass)
1 EL Mayonnaise
1 EL Joghurt
Saft von ½ Zitrone
1 EL gehackte Walnusskerne
Salz
frisch gemahlener schwarzer Pfeffer
1 Schälchen Kresse
125 g Nordseekrabben

Außerdem
2 Roggenvollkornbrötchen

Die Avocado in der Mitte durchschneiden und den Stein herausnehmen. Mit einem scharfen Messer ein wenig von der unteren Rundung abschneiden, damit die Hälften stabil auf zwei flachen Tellern liegen bleiben.

Für die Füllung Mayonnaise, Joghurt, Zitronensaft und Walnüsse in einem Schälchen verrühren. Mit Salz und Pfeffer würzen. Die Kresse abernten, 1 EL davon beiseitelegen. Die übrige Kresse und die Krabben vorsichtig unterheben und anschließend in die Avocadohälften füllen. Mit Kresse garnieren. Dazu die Brötchen reichen.

Tipp:
So unglaublich lecker eine reife Avocado ist, so enttäuschend ist eine un- oder überreife Frucht dieser Gattung. Neue Sorten, die mit Aufklebern wie »Ready to Eat« oder »Eat me, I'm smooth« für einen optimalen Reifegrad werben, sind oft schon überreif (und manchmal auch Flugware). Unser Tipp: Für Rezepte, deren Gelingen vom Zustand einer Avocado abhängen, sollte man sich mit ein paar Früchten unterschiedlicher Herkunft bevorraten. So kann man sichergehen, dass am Ende wenigstens eine dabei ist, die den Erwartungen entspricht.

Wohlfühl-Bonus:
Avocados enthalten reichlich ungesättigte Fettsäuren, zum Beispiel Ölsäure, die sich positiv auf unseren Blutfettspiegel auswirkt.

Knuspriger kann Huhn nicht schmecken!
Hähnchenschnitzel mit Pistazienkruste und Himbeersalsa

Zubereitung: 30 Minuten
Ergibt 2 Portionen

Für die Salsa
2 Schalotten
1 EL Olivenöl
50 g frische Himbeeren, verlesen (ersatzweise TK-Himbeeren)
3 EL Sherry
1 TL Ahornsirup
Meersalz
frisch gemahlener schwarzer Pfeffer

Für die Hähnchenschnitzel
1 Hähnchenbrustfilet (200 g; am besten Bio)
2 EL geröstete, gesalzene Pistazien
2 getrocknete scharfe, rote Chilischoten
1 TL grobes Meersalz
2 EL Olivenöl zum Braten

Für die Salsa die Schalotten abziehen, fein würfeln und in einer Kasserolle in dem Olivenöl anschwitzen. Die Himbeeren dazugeben, 2 Minuten garen und mit dem Sherry ablöschen. Den Ahornsirup hinzufügen und alles mit Salz und Pfeffer würzen. Die Salsa bei geöffnetem Topf 5 Minuten einkochen und dann abkühlen lassen.

Für die Schnitzel die Hähnchenbrust kalt abspülen, mit Küchenpapier abtrocknen, in vier flache Scheiben schneiden und in einen großen Gefrierbeutel legen. Die Pistazien aus der Schale lösen, hacken und in eine kleine Schale geben. Die Kerne aus den Chilischoten schütteln und die Schoten fein hacken. Die gehackten Chilischoten und das Meersalz zu den Pistazien geben, mischen und über das Hähnchenfleisch streuen. Den Beutel an das Fleisch drücken und die Schnitzel mit mäßigen Faustschlägen flach klopfen, bis die Panade gut in das Fleisch eingearbeitet ist.

Das Olivenöl in einer beschichteten Pfanne erhitzen. Die Schnitzel vorsichtig aus dem Beutel nehmen und bei hoher Temperatur pro Seite 1–2 Minuten braten. Sofort servieren, die Salsa dazureichen.

Wohlfühl-Bonus:
Hähnchenbrust ist fettarm und reich an wertvollem Eiweiß. Macht satt, aber nicht dick.

Heiß und knusprig:
Kabeljaubällchen mit Estragon und Fenchel

Zubereitung: 40 Minuten
Ergibt etwa 30 Bällchen

Für die Fischbällchen
2 Bio-Eier
100 g feine Haferflocken
2 Schalotten
2 Knoblauchzehen
1 Bund Estragon
1 TL Fenchelsamen
(ersatzweise Anissamen)
½ TL grobes Meersalz
250 g Kabeljaufilet
4 EL Olivenöl

Außerdem
1 Bio-Zitrone,
in feine Scheiben geschnitten
Mango-Chutney
süß-scharfe Asia-Sauce

Für die Fischbällchen die Eier in eine Schüssel aufschlagen, verquirlen. Die Haferflocken unterrühren und etwas quellen lassen.

Inzwischen Schalotten und Knoblauchzehen schälen. Die Schalotten in sehr feine Ringe schneiden, den Knoblauch durchpressen. Den Estragon abbrausen, trocken schütteln und hacken. Die Fenchelsamen und das grobe Meersalz in einem Mörser zerstoßen. Den Kabeljau kalt abspülen, mit Küchenpapier trocken tupfen und in feine Streifen von etwa 2 cm Länge schneiden (dabei auf Gräten achten und ggf. herausziehen). Alle Zutaten zu den Eiern in die Schüssel geben und gut vermischen.

Mithilfe von zwei Esslöffeln oder mit den Fingern pflaumengroße Bällchen formen und auf einen mit Haferflocken bestreuten flachen Teller legen. Das Olivenöl in einer beschichteten Pfanne erhitzen und die Fischbällchen bei mittlerer Temperatur etwa 4 Minuten unter Wenden rundherum braun braten.

Die Zitronenscheiben auf einem Teller leicht überlappend verteilen und die Fischbällchen darauf anrichten. Dazu schmeckt Mango-Chutney und süß-scharfe Asia-Sauce aus dem Glas. Sofort genießen!

Wohlfühl-Bonus:
Kabeljau ist mit 0,4 Prozent Fettgehalt besonders mager, dabei aber besonders reich an Jod. Köstliches Fitness-Food!

Gesunder Einstieg ins Menü:
Räucherlachs mit Chicorée und Erdnussdressing

Zubereitung: **15 Minuten**
Ergibt **4 Portionen**

200 g Räucherlachs in dünnen Scheiben
2 Chicorée
5 Stängel Dill

Für das Dressing
2 EL stückiges Erdnussmus (crunchy)
1 Bio-Zitrone
2 EL Sojasauce
6–8 Spritzer Tabascosauce

Den Räucherlachs zerzupfen und auf einem großen, flachen Teller anrichten. Vom Chicorée die äußeren Blätter entfernen. Die Stauden in dünne Ringe schneiden. Zum Strunk hin immer feiner schneiden. Den Chicorée über den Lachs verteilen. Den Dill waschen, trocken schütteln, fein schneiden und darüberstreuen.

Für das Dressing das Erdnussmus in eine kleine Schüssel geben und mit 2 EL heißem Wasser glattrühren. Die Zitrone heiß abwaschen und abtrocknen. Mit einem Zestenreißer feine Späne von einer Zitronenhälfte abziehen oder die Schale von einer Hälfte mit einer feinen Reibe abreiben. Den Saft auspressen. Zitronensaft und -zesten, Sojasauce und Tabascosauce zum Erdnussmus geben und mit einem kleinen Schneebesen verquirlen. Das Dressing über Lachs und Chicorée verteilen.

Wohlfühl-Bonus:
Lachs ist reich an gesunden Omega-3-Fettsäuren. Das macht ihn gut für Herz und Hirn. Eine fitte Vorspeise zum Beispiel vor einem Pastagericht.

Wenn wir unserem Fischhändler sagen, dass wir **Lachs für Sushi** benötigen, geht er nach hinten und holt eine ganz frische Seite aus der Kühlung. Von der bekommen wir das beste Stück angeboten. Wir fühlen uns natürlich geehrt und lassen davon immer viel mehr abschneiden, als wir brauchen – so haben alle mehr als genug davon.

Sushi für Anfänger:
Sashimi vom Lachs mit edlem Gemüse

Zubereitung: 15 Minuten
Ergibt 4 Portionen

1 Streifen Lachsfilet ohne Haut (4 cm breit; etwa 200 g)
1 EL Sesam, geröstet
1 Stange Sellerie
1 Mini-Salatgurke
2 reife Avocados
Wasabipaste (Asia-Laden)
2 EL Sojasauce

Das Lachsfilet kalt abspülen und mit Küchenpapier sorgfältig trocken tupfen. Mit einem scharfen Messer in etwa 4 mm breite Scheiben schneiden. Die Hälfte davon in dem gerösteten Sesam wälzen. Den Lachs auf vier großen Tellern anrichten. Die Tellermitte nicht bedecken.

Sellerie und Gurke abspülen, abtrocknen. Die Gurke halbieren und das Mittelstück mit den Kernen v-förmig herausschneiden. Sellerie und entkernte Gurkenhälften in feine Scheiben schneiden und neben dem Lachs anrichten. Die Avocados halbieren, den Stein entfernen, das Fruchtfleisch in Spalten schneiden und die Schale abziehen. Auf jeden Teller einige Spalten Avocado geben.

Mittig auf jeden Teller einen Klecks Wasabipaste geben und die Sojasauce angießen. Stilecht mit Essstäbchen verzehren.

Wohlfühl-Bonus:
Sushi-Meister sind zwar wahre Künstler, aber für dieses simple und dennoch edle Rezept brauchen Sie keinerlei Vorbildung. Und eine Extraportion herzschützender Omega-3-Fettsäuren ist auch noch drin.

Für Überraschungsgäste:
Bauernbrotpizza mit Frühlingszwiebeln, Tomaten und Gouda

Zubereitung: 20 Minuten
Ergibt 4 Portionen

4 große Scheiben Bauernbrot
4 EL Mayonnaise
4 Frühlingszwiebeln
4 Tomaten
Salz
frisch gemahlener schwarzer Pfeffer
200 g geriebener Gouda
(wer es pikanter mag, nimmt Appenzeller oder Greyerzer)
16 Blättchen Basilikum

Die Brotscheiben mit je 1 EL Mayonnaise bestreichen.

Die Frühlingszwiebeln, waschen, putzen, abtrocknen und halbieren. In reichlich kochendem Wasser kurz blanchieren, das heißt, einmal aufkochen lassen, in ein Sieb abgießen und gut abtropfen lassen.

Die Tomaten waschen, abtrocknen, von den Stielansätzen befreien und in dünne Scheiben schneiden. Erst die Tomatenscheiben, dann die Frühlingszwiebeln auf die Brote schichten. Kräftig mit Salz und Pfeffer würzen.

Den Ofen- oder Tischgrill einschalten. Den geriebenen Käse über die Brote streuen und diese 5–10 Minuten überbacken, bis der Käse geschmolzen und leicht gebräunt ist.

Das Basilikum hacken und über die Brotpizza streuen. Stilecht auf Frühstücksbrettchen servieren.

Wohlfühl-Bonus:
Schnelle Pizza-Variante, die einem die aufwendige Hefeteigzubereitung erspart und zugleich viel besser als eine Tiefkühlpizza ist. So bleibt mehr Zeit für entspannten Genuss.

Schnelles Fingerfood:
Blätterteigröllchen mit Spargel und Schinken

**Zubereitung: 20 Minuten,
plus 15 Minuten Backzeit**
Ergibt **24 Stück**

1 Packung Blätterteig aus dem Kühlregal
½ Bund Petersilie
3 EL Schmant
Meersalz
frisch gemahlener schwarzer Pfeffer
3 große Scheiben gekochter Schinken
4 dicke Spargelstangen

Den Blätterteig aus der Packung nehmen und so ausrollen, dass die lange Seite unten liegt. Den Teig in drei Streifen schneiden (je 24 × 13 cm). Die Petersilie waschen, trocken schütteln und hacken. In einem kleinen Schälchen Schmant und Petersilie mischen, mit Salz und Pfeffer würzen, glatt rühren und auf den drei Teigstreifen verteilen. Jeden Streifen mit einer Scheibe Schinken belegen.

Den Spargel waschen, schälen, holzige Enden abschneiden und je eine Stange längs am Rand auf die vorbereiteten Blätterteigstreifen legen. Mit der vierten Stange auf Teiglänge auffüllen. Den Spargel vorsichtig im Teig einrollen. Jede Rolle mit einem scharfen Messer in acht Stücke schneiden und auf ein mit Backpapier ausgelegtes Backblech setzen. Mit Umluft bei 200 °C im Ofen etwa 15 Minuten backen (ohne Umluft den Ofen auf 220 °C vorheizen), bis der Blätterteig leicht gebräunt ist.

Wohlfühl-Bonus:
Geht schnell und schmeckt echt lecker. Mit einem Salat kombiniert, ein leichtes, vitaminreiches Abendessen.

Herzhaftes aus der Kuchenform:
Blumenkohl-Muffins mit Schafskäse und Apfel

Zubereitung: 20 Minuten, plus 25 Minuten Backzeit
Ergibt 10–12 Stück

1 kleiner Blumenkohl
1 großer, säuerlicher Apfel (zum Beispiel Topaz)
100 g Schafskäse (Feta)

Für den Teig
2 Bio-Eier
50 g Butter
50 ml Milch
150 g Mehl
1 TL Backpulver
1 TL Zucker
Meersalz
frisch gemahlener schwarzer Pfeffer

Den Blumenkohl in kleine Röschen zerteilen und in leicht kochendem Wasser 2 Minuten garen, herausnehmen und abkühlen lassen. Den Apfel schälen, vom Kerngehäuse befreien und würfeln.

Den Backofen auf 200 °C vorheizen. Für den Teig alle Zutaten in einer Schüssel zu einem glatten Teig verrühren. Dann die Blumenkohlröschen, Apfelwürfel und den zerbröselten Schafskäse unter den Teig heben.

Den Teig auf neun bis zwölf Muffinförmchen aus Silikon oder Papier verteilen, auf ein Backblech oder in die Mulden eines Muffinblechs stellen und etwa 25 Minuten backen, bis er leicht gebräunt ist. Aus dem Ofen nehmen, abkühlen lassen und lauwarm genießen.

Tipp:
Dazu passt Mango-Chutney – ganz nach Belieben sweet oder hot.

Wohlfühl-Bonus:
Herzhafte Muffins eignen sich hervorragend als Willkommenshappen zum Aperitif oder einfach als Snack für zwischendurch. Übrigens: Alle Kohlsorten enthalten sehr wirksame zellschützende sekundäre Pflanzenstoffe.

Sieht super aus, geht supereinfach:
Filoteig-Törtchen mit Spinat und Pinienkernen

Zubereitung: **20 Minuten,
plus 15 Minuten Backzeit**
Ergibt **12 Stück**

1 Packung TK-Blattspinat (450 g)
1 Packung Strudel- oder Filoteig aus dem Kühlregal
etwas Öl zum Bepinseln
Meersalz
frisch gemahlener schwarzer Pfeffer
½ TL frisch geriebene Muskatnuss
100 g milder Blauschimmelkäse (zum Beispiel Cambozola)
40 g Pinienkerne

Den Spinat in einem kleinen Topf bei geringer Temperatur auftauen lassen.

Inzwischen den Backofen auf 200 °C vorheizen. Jede Teigplatte in vier Quadrate schneiden, dünn mit Öl bepinseln und je drei Teigquadrate übereinander in eine Muffin-Backform oder Silikon-Muffin-Förmchen legen. Die Teigquadrate so platzieren, dass die Ecken versetzt sind.

Den aufgetauten Spinat in ein feines Sieb geben und ausdrücken, um möglichst viel Flüssigkeit zu entfernen; mit Salz, Pfeffer und Muskatnuss würzen. Je etwa 1 EL Spinat in die vorbereiteten Teigförmchen geben und mit je 2 TL gewürfeltem Blauschimmelkäse und ein paar Pinienkernen bedecken.

Die Törtchen im vorgeheizten Backofen 15 Minuten knusprig goldbraun backen. Vorsichtig aus der Form lösen und sofort servieren.

Wohlfühl-Bonus:
Die pikanten Törtchen machen echt was her. Sie sind super als Fingerfood oder Vorspeise für ein Menü, weil sie gut vorzubereiten sind. Zudem ist Blattspinat reich an Betacarotin.

Brotzeit auf orientalisch
Naan mit Ziegenkäse

Zubereitung: **15 Minuten**
Ergibt **2 Portionen**

4 EL Kichererbsen (Dose)
2 TL Erdnussmus
1 EL Zitronensaft
1 Knoblauchzehe
1 TL Ingwersaft (zum Beispiel von Alnavit)
Meersalz
frisch gemahlener schwarzer Pfeffer
1 Spitzpaprika
2 Stängel Liebstöckel
2 Naanbrote (à 60 g, Brot- oder Spezialitätenregal im Supermarkt)
4 EL Ziegenfrischkäse

Die Kichererbsen mit dem Erdnussmus, Zitronensaft, Knoblauch und Ingwersaft in ein hohes Gefäß füllen und mit dem Stabmixer pürieren. Eventuell etwas Wasser zufügen. Mit Salz und Pfeffer abschmecken.

Die Paprika waschen, abtrocknen, putzen und in lange Streifen schneiden. Den Liebstöckel waschen und trocken schütteln. Die Blättchen abzupfen und in Streifen schneiden. Die Brote aufschneiden und toasten. Je eine Hälfte davon mit der Kichererbsencreme, die andere mit Ziegenfrischkäse bestreichen. Mit Paprika und Liebstöckel belegen und zusammenklappen.

Tipp:
Bereiten Sie eine größere Menge des Kichererbsenaufstrichs zu. Er hält sich im Kühlschrank 1 Woche. Er schmeckt auch als Dip zu Gemüse.

Wohlfühl-Bonus:
Mit der Kichererbsencreme kommt man ganz ohne Butter oder anderes Streichfett aus.

Pur und köstlich
Steinofenbrot mit Apfel, Meerrettich und Kresse

Zubereitung: **20 Minuten**
Ergibt **2 Portionen**

1 aromatischer Apfel (zum Beispiel Boskoop)
1 Stück frischer Meerrettich (etwa 4 cm)
2 EL Frischkäse
Meersalz
frisch gemahlener schwarzer Pfeffer
2 Scheiben Sauerteig-Steinofenbrot
2 EL frisch geschnittene Kresse

Den Apfel waschen, vierteln und vom Kerngehäuse befreien. Ein Viertel fein reiben. Den Meerrettich schälen und ebenfalls fein reiben. 2–3 TL davon (je nach gewünschter Schärfe) mit dem Frischkäse und dem geriebenen Apfel vermischen. Mit Salz und Pfeffer abschmecken.

Die Brote mit der Meerrettich-Apfel-Creme bestreichen. Den restlichen Apfel in feine Scheiben schneiden und darauf häufen. Die Kresse darüberstreuen und zum Schluss nochmals Pfeffer darübermahlen.

Wohlfühl-Bonus:
Frischer Meerrettich steckt voller antibakterieller ätherischer Öle. Darüber hinaus schmeckt er äußerst pikant – mit dem aus dem Glas nicht zu vergleichen.

Frisch gekapert
Thunfisch-Burger mit Chicorée

Zubereitung: **15 Minuten**
Ergibt **2 Portionen**

1 Dose Thunfisch im eigenen Saft (150 g Abtropfgewicht)
1 Frühlingszwiebel
1 kleiner Chicorée
1 Bio-Zitrone
2 TL Kapern
1 TL Olivenöl
Meersalz
frisch gemahlener schwarzer Pfeffer
2 Burger-Brötchen
2 EL Mayonnaise
1 Schälchen Kresse

Den Thunfisch in ein feines Sieb geben, abtropfen lassen und dann leicht zerpflücken. Die Frühlingszwiebel putzen und in Ringe schneiden. Den Chicorée putzen und den Strunk herausschneiden. Die Zitrone heiß abwaschen und trocken reiben. Die Schale mit einem Zestenreißer von einer Zitronenhälfte abziehen oder fein abreiben. Eine halbe Zitrone auspressen.

Den Thunfisch mit den Kapern, Zwiebelringen, Zitronenschale und -saft, Olivenöl, Salz und Pfeffer vorsichtig mischen. Mit den Händen zu zwei Frikadellen formen. Die Brötchenunterhälften toasten, mit Mayonnaise bestreichen und mit Chicorée auslegen. Die »Thunfischfrikadellen« darauf platzieren. Die Kresse abschneiden und darüberstreuen. Die Brötchenoberhälften ebenfalls toasten und mit Mayonnaise bestreichen. Die Burger zusammenklappen und anrichten.

Wohlfühl-Bonus:
Thunfisch ist reich an wertvollen Omega-3-Fettsäuren. Nimmt man nachhaltig gefangenen Angelthunfisch, darf man guten Gewissens genießen.

Deftig und handfest
Döner mit Schafskäse-Linsen-Füllung

Zubereitung: **30 Minuten**
Ergibt **2 Portionen**

50 g rote Linsen
1 Handvoll Babyspinat
½ rote Zwiebel
6 eingelegte Kapernäpfel
6 getrocknete Tomaten in Öl
2 EL scharfes Ajvar (Paprikapaste)
2 EL Balsamicoessig
1 EL Olivenöl
Meersalz
frisch gemahlener schwarzer Pfeffer
1 Fladenbrot (Pita vom türkischen Gemüsehändler)
100 g Schafskäse (Feta)
2 EL Ketchup
2 EL körniger Senf

Die Linsen in 150 ml Wasser in etwa 10 Minuten bissfest kochen, dann abtropfen lassen. Inzwischen den Spinat verlesen, waschen und trocken tupfen. Die Zwiebel schälen und in feine Ringe schneiden. Die Kapernäpfel halbieren, die Tomaten in Streifen schneiden. Ajvar, Essig, Öl, Salz und Pfeffer verrühren. Erst die Linsen, dann die vorbereiteten Zutaten bis auf den Spinat untermischen.

Das Fladenbrot im Backofen bei 100 °C in einigen Minuten leicht knusprig werden lassen. Inzwischen den Käse würfeln. Das Brot halbieren und in beide Hälften eine Tasche schneiden. In jeder Tasche eine Seite mit Ketchup, die andere mit Senf bestreichen. Den Spinat unter die Linsenmischung heben. Das Brot mit der Linsenmischung und dem Schafskäse gleichmäßig füllen.

Wohlfühl-Bonus:
Linsen sind gute pflanzliche Eiweißquellen, reich an Ballaststoffen und halten lange satt.

Fisch

Klasse Alternative zum Grillabend:
Forelle vom Blech mit gefüllten Mini-Paprika

Zubereitung: 20 Minuten,
plus 30 Minuten im Ofen
Ergibt 2 Portionen

1 Bund Estragon
4 EL trockener Weißwein
4 EL Ouzo
4 EL Olivenöl
Meersalz
frisch gemahlener schwarzer Pfeffer
1 Baguette vom Bäcker
2 Forellen (küchenfertig vorbereitet)
je 5 Mini-Paprikaschoten in rot, gelb und orange
1 kleine Knolle Fenchel
100 g mittelalter Gouda
4 EL Mandelsplitter

Den Estragon abspülen, trocken schütteln und hacken. Weißwein, Ouzo und 2 EL Olivenöl in einem tiefen Teller mit Salz, Pfeffer und Estragon mischen. Ein Viertel des Baguettes in kleine Würfel schneiden, dazugeben und den Sud aufsaugen lassen. Die Forellen innen und außen kalt abspülen, mit Küchenpapier abtrocknen. Die Fische mit den getränkten Brotwürfeln füllen, auf ein Backblech legen und mit dem restlichen Olivenöl bepinseln.

Die Paprikaschoten waschen, abtrocknen und der Länge nach halbieren. Die Kerne vorsichtig mit einem Löffel herausschaben. Die grünen Stielansätze dran lassen.

Den Backofen auf 180 °C vorheizen. Den Fenchel putzen, waschen und abtrocknen. Die Knolle halbieren, vom Strunk befreien und erst in Streifen, dann in feine Würfel schneiden. Den Gouda fein reiben. Die Fenchelwürfel mit den Mandelsplittern und dem Gouda in eine Schüssel geben. Mit Salz und Pfeffer würzen und gut vermischen. Die Paprikahälften mit der Mischung füllen und um die Forellen herum auf das Backblech setzen. Im vorgeheizten Ofen etwa 30 Minuten garen.

Die Forellen mit den gefüllten Mini-Paprika auf zwei vorgewärmten Tellern anrichten. Das restliche Baguette in Scheiben schneiden und dazureichen.

Wohlfühl-Bonus:
Forellen sind fettarm und eiweißreich und schmecken superzart und saftig, wenn man sie wie hier zubereitet.

> **Größenangaben entschlüsselt**
> Garnelen sind als Tiefkühlware in verschiedenen Größen erhältlich. Auf den Packungen findet man dazu Angaben wie 6/8, 8/12 oder 16/20. Was bedeutet das? Ein Beispiel: 6/8 heißt, dass sechs bis acht Garnelen 454 g (das entspricht einem englischen Pfund/Pound) wiegen. Je kleiner das Zahlenpaar, desto größer ist also die einzelne Garnele und desto höher der Preis. Bei 6/8 handelt es sich um die Premiumsorte. Diese Riesengarnelen kosten pro Kilogramm 35–45 Euro. Unserer Erfahrung nach erhält man selbst im Fischgeschäft meist Tiefkühlware, wenn man die ganz großen Dinger verlangt. Übrigens: Inzwischen sind Garnelen aller Größen auch aus biologischer Fischfarm-Aufzucht erhältlich.

Luxus aus dem Meer:
Riesengarnelen in Chili-Brandy-Sauce

Zubereitung: 30 Minuten
(ohne Auftauzeit)
Ergibt 2 Portionen

6 TK-Riesengarnelen mit Schale (ohne Darm und Kopf; Größe 6/8 – siehe Kasten)
6 EL Olivenöl
2 scharfe rote Chilischoten
grobes Meersalz
40 ml Weinbrand (Brandy, Cognac)

Für die Aioli
2 EL Mayonnaise
2 EL Joghurt
½ Bio-Zitrone (Saft und Schale)
1 Knoblauchzehe
Salz

Außerdem
1 frisches Baguette vom Bäcker

Die Garnelen auf einem flachen Teller bei Raumtemperatur auftauen lassen. Inzwischen für die Aioli Mayonnaise und Joghurt verrühren. Mit einem Zestenreißer feine Späne von einer Zitronenhälfte abziehen oder die Schale fein abreiben. Den Zitronensaft auspressen. Zitronensaft, -zesten, geschälte, durchgepresste Knoblauchzehe und Salz zu der Mayonnaise geben und mit dem Schneebesen unterschlagen.

Die aufgetauten Garnelen kalt abspülen und sorgfältig mit Küchenpapier trocken tupfen. Mit einem scharfen Messer vom Rücken her so weit aufschneiden, dass sich die Hälften aufklappen lassen, ohne auseinanderzufallen. Etwas Olivenöl auf einem großen flachen Teller verteilen und die Garnelen mit den Schnittflächen auf den Ölspiegel legen.

Übriges Olivenöl in einer großen Pfanne erhitzen. Die Garnelen mit der Schnittfläche nach unten hineinlegen und 2–4 Minuten braten. Dabei die dicken Enden mit dem Holzlöffel ins heiße Fett drücken. Die Chilischoten waschen, abtrocknen, von den Kernen befreien, fein hacken und dazugeben. Die Temperatur reduzieren, die Garnelen wenden und mit Meersalz bestreuen. Den Weinbrand angießen, aufkochen lassen und alles kurz durchschwenken. Die Garnelen auf vorgewärmten Tellern anrichten und mit Baguette und Aioli servieren.

Wohlfühl-Bonus:
Mit einem kleinen Salat dazu ein besonderes und leichtes Gericht.

Diese Suppe schmeckt auch **ohne Fischfond** ganz ausgezeichnet – versprochen. Fischfond halten wir nämlich für überschätzt. Wir finden, der Geschmack sollte von genau den Meerestieren stammen, die wir frisch eingekauft und verarbeitet haben. Nicht von einem industriell erzeugten Fertigprodukt mit Zutaten ungeklärter Herkunft. Die Aromen sind dann vielleicht nicht ganz so intensiv, dafür weiß man genau, wo sie herkommen. Apropos Herkunft: Fragen Sie Ihren Händler mal nach Fisch aus nachhaltigem Fang. Wenn er seinen Job ernst nimmt, wird er Sie kompetent beraten, schließlich hängt auch seine Zukunft davon ab, wie wir die Meere behandeln.

Einfach (und) köstlich:
Fischsuppe mit Muscheln, Fenchel und Ouzo

Zubereitung: 30 Minuten
Ergibt 4 Portionen

250 g Miesmuscheln
1 kleine Knolle Fenchel
1 Karotte
1 Stange Sellerie
2 rote Zwiebeln
1 Knoblauchzehe
3 EL Olivenöl
Meersalz
frisch gemahlener schwarzer Pfeffer
200 ml trockener Weißwein
10 Kirschtomaten
400 g weißfleischiges Fischfilet (je nach Angebot des Fischhändlers)
250 g Meeresfrüchte wie Garnelen mit Schale und Tintenfisch
1–2 EL Ouzo

Die Muscheln waschen, wenn nötig Bärte entfernen. Offene Muscheln aussortieren. Fenchel, Karotte und Sellerie abbrausen, putzen oder schälen und in feine Streifen schneiden. Zwiebeln und Knoblauch abziehen und fein würfeln.

Das Olivenöl in einem großen Topf erhitzen. Zwiebeln und Knoblauch kurz darin anschwitzen, dann das Gemüse dazugeben. Alles kräftig mit Salz und Pfeffer würzen. Mit dem Wein und 400 ml Wasser ablöschen und zum Kochen bringen. Die Muscheln dazugeben und den Deckel auflegen. Die Suppe aufkochen und dann bei niedriger Temperatur 5–7 Minuten köcheln lassen. Dann die fertigen Muscheln mit einer Schaumkelle aus dem Topf fischen, auslösen und warm stellen. Ungeöffnete Muscheln aussortieren.

Inzwischen die Tomaten abspülen, abtrocknen und vierteln. Den Fisch kurz abbrausen, mit Küchenpapier abtrocknen und in fingerdicke Streifen schneiden. Von den Garnelen den Darm entfernen, dafür eventuell die Schale der Garnelen am Rücken einschneiden. Den Tintenfisch in mundgerechte Stücke schneiden.

Die Tomaten, den Fisch, die Meeresfrüchte und den Ouzo in die Suppe geben. Diese erneut aufkochen und dann alles bei niedriger Temperatur in 5–7 Minuten gar ziehen lassen. Mit Salz und Pfeffer abschmecken. Die Muscheln auf vier tiefe Teller verteilen und mit der Suppe auffüllen.

Tipp:
Dazu passt getoastetes Ciabatta mit der Limettenmayonnaise von Seite 140.

Wohlfühl-Bonus:
Unsere Fischsuppe aus einer überschaubaren Anzahl von Zutaten schont die Nerven.

Neue Idee für unser Lieblingsgemüse:
Gebratener Spargel und Kerbelpesto zu Saiblingsfilet

Zubereitung: 30 Minuten
Ergibt 2 **Portionen**

4 dicke Stangen Spargel (gut 300 g)
3 EL Olivenöl
Meersalz
frisch gemahlener schwarzer Pfeffer
300 g Saiblingsfilet mit Haut (ersatzweise Zander)

Für das Pesto
1 Bund Kerbel
1 Bund Petersilie
2 EL Macadamianüsse, gesalzen
2 EL Rapsöl
½ TL gemahlener Anis oder frisch gemörserter Anis
50 g Parmesan, frisch gerieben
Meersalz
frisch gemahlener schwarzer Pfeffer

Für das Pesto Kerbel und Petersilie waschen, trocken schütteln und grob hacken. Die Nüsse vierteln und mit den Kräutern, dem Rapsöl und Anis in ein schlankes, hohes Gefäß geben. Mit einem Stabmixer zu einer glatten Paste verarbeiten, den Käse untermixen und mit wenig Salz und Pfeffer abschmecken. Sollte das Pesto zu fest sein, noch etwas Öl zugeben und ein weiteres Mal durchmixen.

Die Spargelstangen vom Kopf her gründlich schälen, die holzigen Enden abschneiden. Die Stangen halbieren oder in schräge Scheiben schneiden. 2 EL Olivenöl in einer beschichteten Pfanne erhitzen und die Spargelstücke darin unter mehrmaligem Wenden 4–6 Minuten braten. Aus der Pfanne nehmen, mit Salz und Pfeffer würzen, warm stellen.

Das Fischfilet kalt abspülen, trocken tupfen und dann auf der Innenseite mit Salz und Pfeffer einreiben. 1 EL Olivenöl in der Pfanne erhitzen, den Fisch mit der Haut nach unten hineinlegen und bei mittlerer Temperatur 2–4 Minuten braten. Den Spargel dazugeben, die Herdplatte ausschalten und Fisch und Spargel zugedeckt ruhen lassen.

Fischfilet und Spargelgemüse auf zwei flachen, vorgewärmten Tellern anrichten. Das Pesto in kleine Schälchen füllen und dazu servieren.

Wohlfühl-Bonus:
Spargel ist ein echtes Saisongemüse. Genießen Sie ihn, solange es ihn gibt, auf alle erdenklichen Arten, heute mal gebraten!

Fish & Chips: Fitness- statt Fast-Food
Panierte Seelachsstreifen mit Süßkartoffel-Pommes

Zubereitung: 40 Minuten
Ergibt 4 Portionen

Für die Pommes frites
4 kleine Süßkartoffeln (à etwa 200 g)
4 Zweige Rosmarin
3 EL Olivenöl
1 TL grobes Meersalz

Für die panierten Fischstreifen
400 g Weißfischfilet
(Alaska-Seelachs, Kabeljau)
grobes Meersalz
150 ml dunkles Bier, gut gekühlt
100 g Mehl, plus Mehl zum Bestauben
1 TL Backpulver
frisch gemahlener schwarzer Pfeffer
100 ml Pflanzenöl zum Ausbacken

Außerdem
2 Zitronen, geviertelt

Den Backofen auf 200 °C vorheizen. Die Süßkartoffeln schälen, halbieren und in lange Stäbchen schneiden. Ein Backblech mit Backpapier und Rosmarinzweigen auslegen. Die Pommes darauf verteilen, mit dem Olivenöl beträufeln und mit 1 TL Meersalz bestreuen. Dann 15–20 Minuten backen, bis sie gar und goldbraun sind. Sie sollen außen kross und innen weich sein.

Das Fischfilet kalt abspülen, mit Küchenpapier abtrocknen und in 2–3 cm breite Streifen schneiden. Mit Meersalz bestreuen und stehen lassen. Das Bier in eine große Schüssel geben. Das Mehl mit dem Backpulver mischen und nach und nach unterrühren. Mit wenig Salz und Pfeffer würzen.

Die Fischstücke trocken tupfen, mit Mehl bestauben und in den Teig tauchen. In einer große Pfanne mit hohem Rand oder in einer Wokpfanne das Pflanzenöl bis kurz vor dem Rauchpunkt erhitzen. Die Fischstücke nacheinander in das heiße Fett gleiten lassen und in etwa 4 Minuten goldbraun backen. Mit einer Schaumkelle herausnehmen und auf einen mit Küchenpapier ausgelegten flachen Teller geben, kurz abtropfen lassen. »Fish & Chips« mit dem Rosmarin vom Backblech auf vorgewärmten Tellern anrichten. Dazu Zitronenviertel zum Beträufeln reichen.

Wohlfühl-Bonus:
Auf dem Blech gebackene Pommes kommen fast ohne Fett aus – im Gegensatz zu herkömmlichen, frittierten. Lässt man die Fischstücke nach dem Ausbacken auf Küchenpapier abtropfen, entschärft man die britische Fettbombe weiter und kann mit gutem Gewissen genießen.

Zu diesem Rezept hat uns Jonas, ein junger Koch aus unserem Freundeskreis, inspiriert. Wir erzählten ihm von unserem Kochbuchprojekt und fragten, ob er nicht eine Idee für **ein ungewöhnliches Fischgericht** beisteuern wolle. Er dachte eine Weile nach und fragte dann, ob wir schon einmal von in Frischkäse gebratenem Thunfisch gehört hätten, eine Zubereitungsart, die er bei seinem ehemaligen Lehrer, dem Sushimeister Tashi Tamatsu kennen und schätzen gelernt hat. Das hatten wir nicht und wir waren, das sei zugegeben, zunächst etwas skeptisch. Doch die Neugier siegte: Wir haben es ausprobiert und waren begeistert. Hier kombinieren wir den Thunfisch mit Wasabi-Kartoffelsalat, einer Erfindung von Dörte.

Spannend kombiniert:
In Frischkäse gebratener Thunfisch mit Wasabi-Kartoffelsalat

Zubereitung: 35 Minuten
Ergibt 2 Portionen

Für den Wasabi-Kartoffelsalat
250 g kleine Pellkartoffeln, gekocht
1 Frühlingszwiebel
2 Stangen Sellerie
1 EL Frischkäse
1 EL Olivenöl
1 EL Sojasauce
1 EL Limettensaft
1 EL Limettensirup
1 TL Wasabipaste

Für das Ponzu
2 EL Limettensaft
2 EL Sojasauce
2 Spritzer Tabascosauce

Für den Thunfisch
2 Thunfischsteaks, 2,5 – 3 cm dick (pro Steak etwa 200 g)
1 EL Frischkäse (Doppelrahmstufe)

Für den Wasabi-Kartoffelsalat die Kartoffeln pellen und in Scheiben schneiden. Die Frühlingszwiebel und den Sellerie putzen, abspülen, abtrocknen und in feine Ringe beziehungsweise Scheiben schneiden. Von der Frühlingszwiebel 1 EL für das Ponzu beiseitestellen. In einer großen Schüssel alle übrigen Zutaten für den Kartoffelsalat zu einem glatten Dressing verrühren. Bei Bedarf etwas Wasser zugeben. Kartoffeln, Frühlingszwiebeln und Sellerie vorsichtig unterheben, ziehen lassen.

Für das Ponzu den Limettensaft mit der Soja- und Tabascosauce in einem kleinen Schälchen vermischen. Die Frühlingszwiebelringe unterrühren.

Die Thunfischsteaks mit Küchenpapier trocken tupfen und von beiden Seiten sorgfältig mit dem Frischkäse bestreichen. In einer Grillpfanne ohne Öl bei starker Temperatur je Seite 2 Minuten braten und auf zwei flachen, vorgewärmten Tellern servieren. Den Kartoffelsalat in zwei Schälchen füllen und mit dem Ponzu dazu anrichten.

Wohlfühl-Bonus:
Viel Eiweiß, wertvolle ungesättigte Fettsäuren und wenig Kalorien paaren sich mit hochkarätigem Genuss. Ein Rezept für besondere Anlässe, denn man sollte hochwertigen, möglichst nachhaltig gefangenen Thunfisch verwenden (beim Händler nachfragen).

Panieren bedeutet, Fleisch, Fisch oder Gemüse mit einer knusprigen Hülle zu versehen. Der Klassiker: das Wiener Schnitzel. Wer das schon mal versucht hat weiß, wie aufwendig es ist. Man braucht drei große flache Teller für Mehl, Ei und Semmelbrösel, in denen das Gargut nacheinander gewendet werden muss. Danach hat man ziemlich klebrige Finger und von allem bleiben Reste, mit denen man nicht viel anfangen kann. Bei diesem Rezept ist das ganz anders, denn die Sesammischung bleibt auch ohne Mehl und Ei ganz prima am Lachsfilet kleben. Man muss nur ein bisschen vorsichtig hantieren und hat am Ende eine herrlich pikante Sesam-Chili-Kruste, unter der sich der saftige Lachs verbirgt.

Fischstäbchen neu erfunden:
Lachsfinger in Sesam-Chili-Kruste auf Romanasalat

Zubereitung: 30 Minuten
Ergibt 2 Portionen

Für den Salat
1 Mini-Romanasalat
50 g Gurke
1 kleine rote Spitzpaprika
1 Stange Sellerie

Für das Dressing
1 EL Erdnussmus
1 EL Teriyaki-Sauce
1 TL kalt gepresstes Sesamöl
1 EL Limettensaft

Für die Lachsfinger
200 g frisches Lachsfilet
(ergibt 10 Lachsfinger)
2 getrocknete scharfe rote Chilischoten
1 TL grobes Meersalz
50 g Sesam
1 EL Olivenöl

Für den Salat die Zutaten putzen, waschen und trocken tupfen. Die äußeren Blätter des Salats in Streifen schneiden und auf zwei große Teller verteilen. Die inneren Blätter ganz daraufgeben. Die Gurke schälen, in feine Scheiben schneiden, auf den Salatblättern verteilen. Spitzpaprika und Sellerie fein würfeln und über die Salatmischung streuen.

Für das Dressing das Erdnussmus mit 1 EL heißem Wasser und der Teriyaki-Sauce glattrühren. Sesamöl und Limettensaft zugeben und alles mit dem Schneebesen gut verquirlen.

Das Fischfilet abspülen, mit Küchenpapier trocken tupfen und in zehn etwa 1,5 cm dicke Streifen schneiden. Die Samen aus den Chilischoten entfernen und die Schoten mit dem Meersalz in einem Mörser zerstoßen. Anschließend mit dem Sesam auf einem flachen Teller mischen.

Die Lachsfinger in der Sesampanade wälzen. Das Olivenöl in einer beschichteten Pfanne erhitzen. Die Lachsstreifen hineinlegen und bei mittlerer Temperatur von jeder Seite 1–2 Minuten braten. Etwas abkühlen lassen und auf dem Salatbukett anrichten. Das Dressing darüberträufeln.

Wohlfühl-Bonus:
Omega-3-Fettsäuren bringen unser Hirn auf Trab. Lachs enthält reichlich davon. Kann Hirn-Jogging leckerer sein?

Fleisch

Fruchtig und pikant:
Gewürfelte Schweinelende mit Mango und Linsengemüse

Zubereitung: 40 Minuten
Ergibt 4 Portionen

Für das Linsengemüse
100 g rote Linsen
Tabascosauce
1 TL Essig
Salz
1 TL Zucker
2 Stängel Koriandergrün

Für die Schweinelende
400 g Schweinefilet
1 reife Mango
4 Schalotten
2 EL Olivenöl
1 TL Currypulver
grobes Meersalz
1–2 EL Brandy
50 ml Rotwein

Die Linsen in 300 ml Wasser aufkochen und bei niedriger Temperatur in etwa 10 Minuten gar quellen lassen.

Inzwischen für die gewürfelte Schweinelende das Filet kalt abspülen und trocken tupfen. Die Mango schälen und das Fruchtfleisch vom Stein schneiden. Filet und Mango in mundgerechte Stücke schneiden. Die Schalotten abziehen und halbieren. In einer Pfanne mit hohem Rand (zum Beispiel Wokpfanne) das Olivenöl erhitzen. Das Fleisch und die Schalotten darin unter Wenden scharf anbraten. Die Temperatur reduzieren und die Mangowürfel dazugeben. Mit Curry und Meersalz würzen und mit Brandy und Rotwein ablöschen. Zugedeckt bei niedriger Temperatur 10 Minuten köcheln lassen.

Die Linsen, falls nötig, abgießen. Dann mit Tabascosauce, Essig, Salz und Zucker kräftig abschmecken. Das Koriandergrün waschen, trocken schütteln, fein schneiden und unter die Linsen rühren.

Das fruchtige Schweinefilet mit dem Linsengemüse anrichten.

Wohlfühl-Bonus:
Warum nicht mal Linsen statt Kartoffeln zum Fleisch servieren? Die kleinen Hülsenfrüchte liefern viel pflanzliches Eiweiß und sättigende Ballaststoffe.

Voll durchgedreht:
Beefbuletten mit Kartoffelstroh

Zubereitung: 30 Minuten
Ergibt 2 **Portionen**

Für die Beefbuletten
1 TL grobes Meersalz
1 TL schwarze Pfefferkörner
1 kleiner Zweig Thymian
1 kleiner Zweig Rosmarin
300 g Beefsteak, grob durchgedreht
1 EL Olivenöl

Für das Kartoffelstroh
2 mittelgroße, festkochende Kartoffeln
2 getrocknete, scharfe, rote Chilischoten
Olivenöl zum Frittieren

Außerdem
2–3 Tomaten, geviertelt oder in Scheiben geschnitten
guter, scharfer Ketchup (unser Favorit: Brazilian-Fire von Naturata)

Meersalz und Pfeffer in einen Mörser geben. Harte Stängel von Thymian und Rosmarin entfernen, den Rest grob hacken und ebenfalls in den Mörser geben. Alles zusammen zerstoßen, über das Hackfleisch streuen und sorgfältig unterkneten. Das Fleisch zu handtellergroßen Buletten formen, mit Olivenöl bepinseln und in einer gut vorgeheizten Grillpfanne pro Seite 3–5 Minuten grillen. 3 Minuten für *medium,* 5 Minuten für *well done.*

Die Kartoffeln mittelfein reiben, auf einer doppelten Lage Küchenpapier ausbreiten und mit einem weiteren Papier abtupfen. Die Chilischoten von den Samen befreien und fein hacken. Das Kartoffelstroh in einer Schüssel mit den Chilischoten mischen und in zwei lockere Kartoffelnester aufteilen.

In eine kleine Pfanne mit hohem Rand oder einen Topf etwa zwei Finger breit Olivenöl füllen und dieses bis kurz vor dem Rauchpunkt erhitzen. Die beiden Portionen Kartoffelstroh nacheinander hineingeben und in etwa 5–6 Minuten goldbraun frittieren; auf Küchenpapier abtropfen lassen. Nach Geschmack salzen. Beefbuletten und Kartoffelstroh auf vorgewärmten Tellern mit Tomatenvierteln oder -scheiben anrichten. Dazu scharfen Ketchup reichen.

Wohlfühl-Bonus:
Ein Burger ohne Brot – genießen Sie den puren Fleischgeschmack, frei von pappigen Brötchen, dafür mit knusprigem Kartoffelstroh.

Unsere Freundin Anja hat in der vergangenen Saison auf einem **Spargelhof** in der Nordheide ausgeholfen. Von dort brachte sie das folgende Rezept mit. Klingt ziemlich bodenständig, nicht wahr? Ist es auch und superlecker!

Rustikale Kombi mit Wow-Effekt:
Spargel-Hackfleisch-Pfanne mit frischem Ingwer

Zubereitung: 30 Minuten
Ergibt 4 Portionen

1 kg weißer oder grüner Spargel
Salz
100 g frischer Ingwer
1 EL Olivenöl
500 g Beefsteakhack
Meersalz
frisch gemahlener schwarzer Pfeffer

Außerdem
1 Schälchen Kresse

Die Spargelstangen schälen und die Enden fingerbreit abschneiden. Die Stangen in etwa 4 cm lange Stücke schneiden. Wenig gesalzenes Wasser aufkochen, den Spargel hineingeben und in 5–10 Minuten bissfest garen.

Inzwischen den Ingwer schälen und sehr fein hacken. Das Olivenöl in einer großen beschichteten Pfanne (Wokpfanne) erhitzen und das Hackfleisch darin krümelig braten. Kräftig mit Salz und Pfeffer würzen.

Den fertigen Spargel abgießen, abtropfen lassen und mit dem gehackten Ingwer in die Pfanne geben. Vorsichtig untermischen und 5 Minuten ziehen lassen. Auf vorgewärmten Tellern anrichten. Mit der Kresse garnieren.

Wohlfühl-Bonus:
Spargel ist nicht nur ein Hochgenuss, das schlanke Gemüse ist reich an B-Vitaminen, Folsäure und Mineralstoffen wie Kalium.

Leicht und fruchtig:
Hähnchenbrust mit Kokospanade und Mandarinendip

Zubereitung: 30 Minuten
Ergibt 2 Portionen

Für das Kokoshähnchen
1 Stange Zitronengras
4 EL Kokosraspel
4 TL Currypulver
Meersalz
frisch gemahlener schwarzer Pfeffer
300 g Hähnchenbrustfilet (am besten Bio)

Für den Dip
2 EL Crème fraîche
1 EL Mandarinensaft (ersatzweise Orangensaft)
3 Spritzer Tabascosauce
3 Spritzer Worcestersauce
Meersalz

Für die Süßkartoffeln
2 Knoblauchzehen
1 Süßkartoffel
4 EL Olivenöl

Außerdem
16 Physalis (Kapstachelbeeren), halbiert

Für das Kokoshähnchen das Zitronengras längs aufschneiden. Die inneren, weichen Fasern herausnehmen (den Rest beiseitelegen), mit den Kokosraspeln und Gewürzen auf ein Brett geben und mit dem Messer durchhacken, sodass sich alles gut verbindet. Die Mischung auf einem flachen Teller ausbreiten. Das Fleisch kalt abspülen, mit Küchenpapier abtrocknen und in mundgerechte Stücke schneiden. Dann rundherum in der Panade wälzen. Alle Zutaten für den Dip verrühren.

Die Knoblauchzehen schälen und grob hacken. Die Süßkartoffel schälen, der Länge nach halbieren und in Scheiben schneiden. 2 EL Olivenöl in einer beschichteten Pfanne erhitzen. Süßkartoffel, Knoblauch und das restliche Zitronengras darin bei mittlerer Temperatur anbraten. Nach 4 Minuten das Zitronengras entfernen. Dann das Gemüse herausnehmen und warm stellen. Das restliche Olivenöl in der Pfanne erhitzen und die Hähnchenstücke darin unter mehrmaligem Wenden bei mittlerer Temperatur 6–8 Minuten braten, bis die Panade knusprig braun und das Fleisch durchgegart ist.

Das Fleisch mit Süßkartoffeln und Dip anrichten und mit den Physalis garnieren.

Wohlfühl-Bonus:
Ein raffiniertes Essen, das toll aussieht und trotzdem schnell fertig ist. Ideal auch für Gäste, dann die Zutatenmengen einfach anpassen.

Power für den Fettstoffwechsel:
Lammfilet mit Salbeibutter und Limetten-Gnocchi

Zubereitung: 45 Minuten
Ergibt 4 **Portionen**

Für die Gnocchi
500 g mehligkochende Kartoffeln
Meersalz
1 Bio-Limette
170 g Mehl
50 g Grieß

Für die Salbeibutter
4 Stängel Salbei
50 g Butter
Meersalz

400 g Lammfilet oder Lammlachs
2 EL Olivenöl
Meersalz
frisch gemahlener schwarzer Pfeffer

Die Kartoffeln in Salzwasser weich kochen, pellen und ausdampfen lassen. Anschließend mit einer Kartoffelpresse oder einem Stampfer zerdrücken. Die Limette heiß abwaschen und abtrocknen. Die Schale mit einem Zestenreißer abziehen oder fein abreiben. Nach und nach Mehl, Grieß, Limettenzesten und Salz unter die Kartoffeln rühren, sodass ein glatter, geschmeidiger Teig entsteht. Ist er zu weich, etwas mehr Mehl hineinkneten. Aus der Masse fingerdicke Rollen formen und in 2 cm lange Stücke schneiden. Die Gnocchi auf ein mit Grieß bestreutes Brett legen und mit einer Gabel das typische Muster hineindrücken. Die Gnocchi in reichlich siedendem Salzwasser gar ziehen lassen und 2–3 Minuten, nachdem sie an die Wasseroberfläche gestiegen sind, mit einer Schaumkelle herausnehmen.

Die Salbeiblätter in sehr feine Streifen schneiden und mit der Butter und Salz vermengen. Mithilfe eines Teelöffels kleine Butterkugeln formen und kalt stellen.

Das Lammfleisch schräg in 1 cm dicke Streifen schneiden. Das Olivenöl in einer großen Pfanne erhitzen und das Fleisch darin bei hoher Temperatur 2–4 Minuten von beiden Seiten braten. Vom Herd nehmen, salzen und pfeffern. Mit den Gnocchi und Butterkugeln auf vorgewärmten Tellern anrichten.

Tipp:
Sofern welche übrig bleiben, schmecken Gnocchi auch angebraten sehr lecker!

Wohlfühl-Bonus:
Lammfleisch enthält L-Carnitin, ein Stoff, der den Fettstoffwechsel fördert. Studien belegen, dass L-Carnitin die körperliche Leistungsfähigkeit steigert.

Ein echter Hingucker:
Butternusstaler mit Hackfleischfüllung

Zubereitung: 30 Minuten
Ergibt 2 Portionen (etwa 8 Taler)

1 Butternusskürbis
2 Zweige Thymian
200 g Beefsteakhack
Meersalz
frisch gemahlener schwarzer Pfeffer
2 EL Olivenöl zum Braten

Für die Salatbeilage
100 g Feldsalat
6 Kirschtomaten
1 kleine gelbe Paprika
1 EL heller Essig
(zum Beispiel Weißweinessig)
2 EL Pistazienöl

Den Kürbis mit dem Sparschäler schälen. Den oberen »Flaschenhals«-Teil abschneiden, fein würfeln und dann in eine Schüssel geben. Den restlichen Kürbis in gut 1 cm dicke Ringe schneiden und die Kerne aus der Mitte entfernen. Wenn nötig etwas Fruchtfleisch herausschaben, um genug Platz für die Hackfleischfüllung zu erhalten.

Den Thymian abspülen und trocken schütteln. Die Blättchen von den Stielen zupfen, grob hacken und mit dem Hackfleisch zum Kürbis in die Schüssel geben. Alles kräftig mit Salz und Pfeffer würzen und verkneten. Die Kürbisringe auf eine flache Unterlage legen (zum Beispiel ein Holzbrett) und die Fleischmasse hineindrücken. Falls etwas Hack übrig bleiben sollte, einfach zu kleinen Buletten formen und mitbraten.

Den Feldsalat waschen, verlesen und trocken schleudern, falls nötig die Wurzeln abschneiden. Die Tomaten waschen und halbieren oder vierteln. Die Paprika waschen, putzen und würfeln. Mit Feldsalat und Tomaten in eine Schüssel geben und mit dem Essig, Pistazienöl, Salz und Pfeffer würzen.

Das Olivenöl in einer beschichten Pfanne erhitzen und die Butternusstaler darin bei mittlerer Temperatur 3–4 Minuten braten; vorsichtig wenden und weitere 3 Minuten braten. Auf Tellern mit dem Feldsalat anrichten.

Wohlfühl-Bonus:
Diese Vertreter der großen Kürbisfamilie machen ihrem Namen alle Ehre. Ihr buttrig-nussiger Geschmack schmeichelt unserem Gaumen, und sie sind reich an Kalium und Magnesium.

Nudelholz auf Abwegen:
Rindfleischfleckerl mit Fenchel-Karotten-Gemüse

Zubereitung: 30 Minuten
Ergibt 2 Portionen

2 Rumpsteaks (1 cm dick geschnitten; zusammen etwa 300 g)
3 EL Olivenöl
2 Zweige Rosmarin
2 getrocknete, scharfe rote Chilischoten
grobes Meersalz
1 Knolle Fenchel
1 große Karotte
50 ml Rotwein

Die Steaks auf beiden Seiten dünn mit 2 EL Olivenöl bestreichen. Die Rosmarinblätter abzupfen und grob hacken. Die Chilischoten fein hacken. Die Rumpsteaks auf einer Seite mit dem Rosmarin, Meersalz und den Chilischoten würzen.

Jedes Steak in einen großen Gefrierbeutel geben. Die Steaks mit einem Nudelholz vorsichtig auf die doppelte Größe ausrollen, aus den Beuteln nehmen und in etwa 4 × 6 cm große Fleckerl schneiden. Eine Pfanne bei hoher Temperatur erhitzen und die Fleckerl auf der ungewürzten Seite 2 Minuten scharf anbraten, anschließend wenden und weitere 2 Minuten bei mittlerer Temperatur zu Ende garen, herausnehmen und warm stellen.

Fenchel und Karotte putzen, waschen, abtrocknen und in Streifen schneiden. 1 EL Olivenöl in die Pfanne vom Fleisch geben und erhitzen. Das vorbereitete Gemüse darin 5–10 Minuten bei mittlerer Temperatur braten. Steakfleckerl hinzufügen und mit 50 ml Rotwein ablöschen. Alles kurz aufkochen und auf zwei vorgewärmten Tellern servieren.

Wohlfühl-Bonus:
Durch das Ausrollen mit dem Nudelholz werden die Gewürze richtig ins Fleisch eingearbeitet und entfalten dort ihr herrliches Aroma.

Herrlich aromatisch durch langes Schmoren:
Dörtes orientalisches Rindergulasch

Zubereitung: 30 Minuten,
plus 2 Stunden Schmorzeit
Ergibt 6–8 Portionen

1 kg Rindfleisch (am besten Bio, aus Schulter oder Oberschale)
6 Schalotten
4 große Karotten
1 Aubergine
1 kleine Knolle Sellerie
3–4 Knoblauchzehen
4 EL Olivenöl
1 große Dose geschälte ganze oder stückige Tomaten
300 ml Rotwein
8 getrocknete Feigen
Meersalz
frisch gemahlener schwarzer Pfeffer
5 Pimentkörner
3 Lorbeerblätter
2 Sternanis
3 Kardamomkapseln
1 TL Paprikapulver
1 TL Currypulver
1 TL Zucker
1 Schuss Balsamicoessig

Den Backofen auf 200°C vorheizen. Das Fleisch in mundgerechte Stücke schneiden, ggf. von Sehnen befreien. Die Schalotten abziehen, das Gemüse waschen. Die Karotten schälen und schräg in Scheiben schneiden. Die Aubergine vom Stielansatz befreien, den Sellerie schälen und beides grob würfeln. Die Knoblauchzehen abziehen und halbieren.

2 EL Öl in einem großen, ofenfesten Bräter erhitzen und das Fleisch darin bei hoher Temperatur rundherum braun anbraten; herausnehmen. Das Gemüse im restlichen Öl unter Rühren anbraten: Zuerst die Karotten, dann den Knoblauch und die Schalotten, schließlich den Sellerie und die Aubergine hineingeben.

Die Tomaten in eine Schüssel geben, wenn nötig vom Stielansatz befreien und mit der Küchenschere etwas zerkleinern. Das Gemüse mit dem Rotwein ablöschen und einmal aufkochen lassen. Dann das Fleisch, die Tomaten, die Feigen, alle Gewürze und den Essig zugeben. Alles gut mischen und dann so viel Wasser auffüllen, dass der Inhalt knapp mit Flüssigkeit bedeckt ist. Aufkochen und dann im Ofen bei 200°C 1 Stunde zugedeckt schmoren lassen.

Den Ofen auf 180°C stellen und das Gulasch 1 weitere Stunde schmoren lassen. Dabei einmal umrühren und wenn nötig etwas Wein auffüllen. Das Gulasch aus dem Ofen nehmen und mit Salz und Pfeffer abschmecken. Dazu schmeckt knuspriges Baguette oder kurze Nudeln.

Wohlfühl-Bonus:
Hat man erst einmal alles im Ofen, kann man sich ganz in Ruhe auf ein herrliches Essen vorbereiten und schon einmal ein Gläschen Wein trinken.

> **Frische Chilischoten – schärfer als die Polizei erlaubt**
> Chilischärfe wird mit der Einheit Scoville definiert. Die Angabe
> »1.000 Scoville« bedeutet, dass 1 ml Chilipresssaft erst nach Zugabe
> von 1.000 ml Wasser nicht mehr scharf schmeckt. Richtig scharfe Chilischoten (aus dem indischen Assam) bringen es auf über 800.000 Scoville. Aber leider steht der Schärfegrad auf den Schoten nicht drauf.
> Als Faustregeln gelten:
> - Klein = scharf (meistens jedenfalls).
> - Die Spitze ist oft mild, zum Stängelansatz wird es immer schärfer.
> - Eine mittelscharfe rote Chilischote pro Person reicht oft aus –
>   am besten mit wenig beginnen und die Menge langsam erhöhen.

Alles von einem Blech:
Hähnchenschenkel zu Ofentomaten und neuen Kartoffeln

Zubereitung: 20 Minuten,
plus 35–45 Minuten im Ofen
Ergibt 4 Portionen

4 küchenfertige Hähnchenschenkel
(à 200–250 g)
Meersalz
frisch gemahlener schwarzer Pfeffer
½ TL Paprikapulver
16 neue, kleine Kartoffeln
(zum Beispiel Bamberger Hörnchen)
8 aromatische Tomaten
200 g rosa Champignons
2 kleine rote Chilischoten
6 EL Olivenöl
4 Knoblauchzehen
100 ml Weißwein
je 2 Zweige Rosmarin und Thymian

Die Hähnchenschenkel kalt abspülen und mit Küchenpapier gut abtupfen, dann kräftig salzen, pfeffern und mit Paprika bestauben. Den Ofen auf 220 °C vorheizen. Die Kartoffeln mit einer Gemüsebürste gut abschrubben, waschen und halbieren. Die Tomaten waschen. Die Pilze putzen und halbieren. Die Chilischoten längs aufschneiden, von den Kernen befreien und in feine Ringe schneiden (nach dem Schneien nicht mit den Fingern die Augen reiben).

Ein tiefes Backblech mit der Hälfte des Olivenöls bestreichen. Alle vorbereiteten Zutaten mit den ungeschälten Knoblauchzehen darauf verteilen; salzen und pfeffern. Den Weißwein angießen, das restliche Öl darüberträufeln. Das Gemüse 35–40 Minuten im vorgeheizten Ofen garen.

Die Kräuter waschen, trocken schütteln und während der letzten 10 Minuten Garzeit dazugeben. Die Hähnchenschenkel zwischendurch mit Bratsud vom Blech übergießen. Vor dem Servieren die Kräuter entfernen und das Gemüse abschmecken.

Tipp:
Dazu schmeckt Limettenmayonnaise (Mayo halb und halb mit Sahnejoghurt mischen, mit abgeriebener Limettenschale, Limettensaft und Pfeffer abschmecken).

Wohlfühl-Bonus:
Während alles im Ofen schmort und sich die Küche mit leckerem Duft füllt, können Sie ganz entspannt auf Ihre Gäste warten …

Vegetarisch & Vegan

Schnelles Abendessen für den Alltag:
Sellerie-Reis-Puffer mit Avocado-Kräuter-Dip

Zubereitung: 30 Minuten
Ergibt 2 Portionen

Für die Puffer
150 g Basmatireis
1 EL Gemüsebrühe (Instant)
1 Knolle Sellerie (300 g)
2 Bio-Eier
Meersalz
frisch gemahlener schwarzer Pfeffer
2 EL Olivenöl

Für den Dip
1 reife Avocado
1 EL Mayonnaise
1 TL Zitronensaft
1 EL Sauerrahm
Meersalz
frisch gemahlener schwarzer Pfeffer
1 kleines Bund gemischte Kräuter

Den Basmatireis nach Anleitung in Gemüsebrühe garen und abkühlen lassen. Inzwischen den Sellerie schälen und auf einer mittelgroßen Küchenreibe raspeln.

Für den Dip die Avocado halbieren, den Stein entfernen. Das Fruchtfleisch mit einem Löffel aus der Schale lösen, in eine Schüssel geben und mit einer Gabel zerdrücken. Die Mayonnaise, den Zitronensaft und den Sauerrahm zugeben und verrühren. Mit Salz und Pfeffer würzen. Die Kräuter abbrausen, trocken schütteln und fein hacken. Die Hälfte davon unter den Dip rühren, den Rest zum Garnieren beiseitestellen.

Den abgekühlten Reis mit dem Sellerie in einer Schüssel vermischen. Die Eier zugeben und unterrühren. Kräftig mit Salz und Pfeffer würzen. Das Öl in einer beschichteten Pfanne erhitzen. Mit einem Esslöffel kleine Küchlein portionieren und in der Pfanne glatt streichen. Bei mittlerer Temperatur goldgelb braten.

Die Puffer mit dem Dip servieren und mit den restlichen Kräutern garnieren.

Wohlfühl-Bonus:
Sellerie ist ein tolles, aromatisches Gemüse. Mit Kräutern, Avocado und Zitrone ergänzt, stimmt die Vitamin- und Mineralstoffmischung.

Für uns sind Nahrungsmittel aus Dosen eigentlich nur etwas für den Notfall. Zum Beispiel, wenn man in der Nacht in einem Ferienhaus ankommt, wahnsinnigen Hunger hat und in der Küche nichts als eine Dose Ravioli vorfindet. Aber es gibt Ausnahmen – und **Dosentomaten** sind eine davon. Da sie vollreif geerntet und dann sofort verarbeitet werden, ist ihre Qualität erstaunlich gut. Das gilt sogar für billige Discountware. Das teure Markenprodukt zu 2,50 Euro pro 800-g-Dose bringt keinen entscheidenden Aromavorsprung gegenüber der No-Name-Ware für deutlich weniger als 1 Euro. Besonders gut eignen sich Dosentomaten für eine reduzierte Tomatensauce, wie das folgende Rezept beweist ...

Gemüse für Feinschmecker:
Gebratene Auberginen mit Tomatensauce und Schmant

Zubereitung: **50 Minuten**
Ergibt **2 Portionen**

Für die Tomatensauce
2 Schalotten
1 Knoblauchzehe
2 EL Olivenöl
1 große Dose geschälte, ganze Tomaten
Salz
frisch gemahlener schwarzer Pfeffer
1 TL Zucker
1 Zweig frischer Oregano oder Thymian
1 Becher Schmant (200 g)
2 kleine Auberginen
3 EL Olivenöl
Salz
frisch gemahlener schwarzer Pfeffer

Für die Tomatensauce Schalotten und Knoblauchzehe abziehen und fein würfeln. Das Olivenöl in einem Topf mit großer Grundfläche erhitzen, die Zwiebel-Knoblauch-Mischung darin kurz anschwitzen und dann vom Herd nehmen. Die Tomaten dazugeben und mit einem Kartoffelstampfer vorsichtig zerdrücken. Die Sauce aufkochen und dann bei geringer Temperatur 20–30 Minuten ohne Deckel köcheln lassen, bis sich die Menge auf etwa die Hälfte reduziert hat. Die Sauce ab und zu mit einem Holzlöffel vom Topfrand lösen und umrühren.

Inzwischen die Auberginen waschen, abtrocknen, von den Stielansätzen befreien und längs in dünne Scheiben schneiden. Das Olivenöl in einer großen beschichten Pfanne erhitzen und die Auberginen darin bei mittlerer Temperatur braten, bis sie weich und gut gebräunt sind; salzen und pfeffern.

Die Tomatensauce mit Salz, Pfeffer und Zucker würzen. Den Kräuterzweig waschen und dazugeben. Die Sauce noch 10–15 Minuten köcheln lassen, bis aus ihr eine dunkelrote Tomatenpaste geworden ist. Den Kräuterzweig herausnehmen, die Sauce abschmecken. Den Schmant durchrühren.

Die Auberginenscheiben mit je einem großen Löffel Tomatensauce und Schmant auf zwei flachen Tellern anrichten.

Wohlfühl-Bonus:
Tomaten sind reich an Lycopin, einem Carotin, das ein Top-Schutzstoff ist. Lycopin ist hitzebeständig, bleibt also auch beim Kochen erhalten. In dieser Sauce ist es hochkonzentriert vorhanden.

Essen in Tokyo – Lost in Translation
Japan ist wirklich anders. Auch das Essen. Das beginnt mit dem Frühstück, denn auf dem Frühstücksbuffet finden sich etwa Miso-Suppe, eingelegter Rettich und undefinierbarer Sojabohnenbrei. Dennoch bin ich seit einer Japanreise überzeugt: Hier gibt es die beste Küche der Welt. Alles wird mit unglaublicher Detailtreue und Sorgfalt zubereitet. Auf die Qualität der Zutaten achten die Japaner ganz besonders. Beeindruckend: die Bento-Box – eine Art Japan-Fast-Food. In einem hübschen Lackkästchen mit mehreren Fächern liegen liebevoll zubereitete kleine Häppchen, Gemüse, Reis, mal süß mit Frucht, mal pikant.

Veganer Leckerbissen mit viel Gemüse:
Japanische Nudelsuppe »Miso-Ramen«

Zubereitung: 20 Minuten
Ergibt 2 Portionen (4 Portionen als Snack oder Vorspeise)

50 g Shiitakepilze
4 Frühlingszwiebeln
1 rote Paprikaschote
1 Mini-Pak choi
2 EL kalt gepresstes Sesamöl
1 Stück frischer Ingwer
2 getrocknete, scharfe rote Chilischoten
2 EL Misopaste
150 g Ramen-Nudeln (japanische Weizennudeln; alternativ Mie-Nudeln)
3 Stängel Thai-Basilikum
eine Handvoll Sojabohnensprossen
Sojasauce

Die Pilze putzen, die Stiele entfernen, die Köpfe halbieren. Das Gemüse waschen, abtrocknen, putzen. Die Frühlingszwiebeln in Ringe, die Paprika in Streifen schneiden. 4 EL vom grünen Teil der Frühlingszwiebeln beiseitestellen. Den Pak choi vierteln. Das Sesamöl in einem großen Topf leicht erhitzen und das Gemüse darin anschwitzen.

Den Ingwer schälen, grob zerteilen und durch eine Knoblauchpresse drücken. Die Chilischoten von den Samen befreien und klein schneiden.

750 ml Wasser zu dem Gemüse gießen und die Misopaste einrühren. Ingwer und Chili dazugeben, den Deckel auflegen und die Suppe 10–15 Minuten köcheln lassen. Die Ramen-Nudeln in vier Teile zerbrechen, dazugeben und nach Packungsanleitung in der Suppe garen (3–5 Minuten).

Inzwischen das Thai-Basilikum waschen, trocken schütteln, hacken und auf zwei große Suppenschalen verteilen. Die Sojasprossen abspülen und in der letzten Minute der Nudelgarzeit zur Suppe geben. Die Suppe mit Sojasauce abschmecken und servieren. Die Frühlingszwiebelringe darüberstreuen.

Wohlfühl-Bonus:
Die traditionelle japanische Küche gehört zu den gesündesten weltweit – dank ihres hohen Gemüseanteils, der sorgfältigen Zubereitung und den feinen, kleinen Portionen.

»Schmeckt wie Zunge aus dem Fenster«, pflegte Jeskos Großvater zu sagen, wenn er den Geschmack total fade fand. Tofu gab es damals noch nicht, doch der **Sojabohnenkäse** hat dieses Prädikat echt verdient. Hilfe naht durch eine kräftige Marinade und drei aromastarke Genossen.

Fleischfreier Eiweißbooster:
Marinierte Tofuwürfel mit aromatischem Pilztrio

Zubereitung: 30 Minuten
(ohne Marinierzeit)
Ergibt 4 Portionen

6 EL Olivenöl
2 EL Sojasauce
2 EL Weinbrand (Brandy, Cognac)
4 EL Apfelsaft
1 TL Tabascosauce
400 g Tofu, natur
50 g Shiitakepilze
50 g Kräuterseitlinge oder Austernpilze
50 g braune Champignons
2 Knoblauchzehen
4 Schalotten
100 ml Kokosmilch

Außerdem
Langkorn- oder Basmatireis
(Natur oder weiß), gekocht, als Beilage

Für die Marinade 2 EL Olivenöl, Sojasauce, Weinbrand, Apfelsaft und Tabascosauce in einer Schüssel verrühren. Den Tofu in etwa 2 cm große Würfel schneiden und vorsichtig untermischen. Den Tofu zugedeckt kühl stellen und über Nacht durchziehen lassen.

Die Tofuwürfel abgießen und gut abtropfen lassen, die Marinade auffangen. 2 EL Olivenöl in einer großen Pfanne erhitzen und die Tofuwürfel unter mehrmaligem Wenden bei mittlerer Temperatur darin anbraten, bis sie rundherum braun sind. Den Tofu herausnehmen und warm stellen.

Die Pilze putzen, die Stiele etwas kürzen und die Pilze in Streifen schneiden. Knoblauch und Schalotten abziehen und fein würfeln. Das restliche Olivenöl in der Pfanne erhitzen und die Pilze unter Wenden darin anbraten. Knoblauch und Schalotten zugeben und weiterbraten, bis die Pilze Wasser abgeben. Jetzt die Tofuwürfel hinzufügen und die Marinade angießen. Die Pfanne vom Herd nehmen und nach und nach die Kokosmilch einrühren. Alles kurz aufkochen und dann 3 Minuten köcheln lassen. Mit dem Reis servieren.

Wohlfühl-Bonus:
Soja ist als hochwertige Eiweißquelle ein Grundbaustein der veganen und vegetarischen Küche, Tofu ist sein vielseitigster Vertreter.

Arme Ritter – mal pikant:
Tomaten und Schafskäse vom Blech

Zubereitung: 30 Minuten
Ergibt 1 Blech, für 4 Personen als Hauptgericht, für 8 als Vorspeise

6 altbackene Brötchen
300 ml Sangrita Picante
500 g Tomaten
200 g Schafskäse (Feta)
100 g Kalamata-Oliven
Meersalz
frisch gemahlener schwarzer Pfeffer
2 EL getrockneter Oregano
1 TL Zucker
6 EL Olivenöl

Ein Backblech mit Backpapier auslegen. Die Brötchen in mundgerechte Würfel schneiden; auf dem Blech verteilen. Die Sangrita Picante darüber verteilen, sodass die Brötchen die Flüssigkeit aufsaugen können. Die Tomaten waschen, abtrocknen, von den Stielansätzen befreien und in Scheiben schneiden.

Die Tomaten auf dem Backblech verteilen. Den Schafskäse gleichmäßig darüber zerbröckeln. Die Oliven halbieren, entsteinen und darübergeben. Alles kräftig mit Salz, Pfeffer und Oregano würzen. Den Zucker darüberstreuen und alles mit dem Olivenöl beträufeln. Im vorgeheizten Backofen bei 180 °C 15 – 20 Minuten backen.

Aus dem Ofen nehmen und servieren.

Wohlfühl-Bonus:
Supersimpel und superlecker und durch die Tomaten reich an Vitamin C.

Kräuter und Pilze sorgen für Würze:
Pfifferlingtarte »Upside Down«

Zubereitung: 20 Minuten,
plus 25 Minuten Backzeit
Ergibt 2 Portionen
(4 Portionen als Snack oder Vorspeise)

300 g frische Pfifferlinge
(ersatzweise braune Champignons)
6 Schalotten
2 EL Butter
1 EL brauner Zucker
40 ml Sherry
1 Bund glatte Petersilie
1 Bund Schnittlauch
200 g Blätterteig (aus dem Kühlregal)
1 Eigelb
Meersalz
frisch gemahlener schwarzer Pfeffer

Die Pilze putzen, größere halbieren. Die Schalotten schälen und fein würfeln. Die Butter in einer Pfanne mit hohem Rand schmelzen lassen und die Schalotten darin anschwitzen. Den Zucker dazugeben und leicht karamellisieren lassen. Mit dem Sherry ablöschen und bei geringer Temperatur etwas einkochen lassen.

Inzwischen die Kräuter waschen, trocken schütteln und fein schneiden. 2 EL Kräuter beiseitestellen. Den Backofen auf 180 °C vorheizen. Die Pilze zu den Schalotten geben, kurz durchschwenken, vom Herd nehmen und etwas abkühlen lassen. Die Kräuter unterrühren.

Die Pfifferlinge in eine gefettete Tarteform von 25 cm Durchmesser geben (aus einer Springform läuft die Flüssigkeit heraus). Den Blätterteig ausrollen, etwas größer als die Tarteform zuschneiden und auf die Form legen. Die überlappenden Ränder vorsichtig zum Tarteboden einfalten und andrücken. Das Eigelb mit Salz und Pfeffer verrühren und auf den Teig streichen.

Die Tarte 25–30 Minuten backen, bis der Teig aufgegangen und gebräunt ist. Dann ein großes Holzbrett auf die Tarte legen und diese stürzen (Achtung: heiß). Die Tarte aus der Form lösen und in vier Stücke schneiden. Beim Anrichten zwei Tortenstücke umdrehen, sodass auf jedem Teller eine Ober- und Unterseite sichtbar ist. Mit den restlichen Kräutern bestreuen.

Tipp:
Dazu passt der Friséesalat mit mariniertem Gemüse von Seite 76.

Wohlfühl-Bonus:
Pilze sind eine gute pflanzliche Eiweißquelle.

Ihr neues Lieblingsgericht:
Hokkaido-Reis mit Mandelblättchen

Zubereitung: **20 Minuten**
Ergibt **2 Portionen**

1 EL Rapsöl
1 haselnussgroßes Stück Ingwer
1 Knoblauchzehe
1 Frühlingszwiebel
120 g 10-Minuten-Reis
250 ml Gemüsebrühe
250 g Hokkaidokürbis
1 Bio-Limette
1 TL kalt gepresstes Sesamöl
Meersalz
frisch gemahlener schwarzer Pfeffer
2 EL Mandelblättchen

Das Öl in einem mittelgroßen Topf bei mittlerer Temperatur erhitzen. Den Ingwer schälen, die Knoblauchzehe abziehen, beides durch die Knoblauchpresse direkt in den Topf pressen. Die Frühlingszwiebel putzen, abbrausen, in Ringe schneiden, dazugeben und anschwitzen.

Den Reis hinzufügen und unter Rühren bei hoher Temperatur kurz anbraten. Mit der Gemüsebrühe ablöschen, aufkochen und bei niedriger Temperatur in 10 Minuten ausquellen lassen.

In der Zwischenzeit den Kürbis waschen, abtrocknen, von den Kernen und faserigem Inneren befreien und auf einer groben Küchenreibe raspeln.
Die Limettenschale abreiben, den Saft auspressen. Den Reis mit Limettenzesten, Limettensaft, Sesamöl, Salz und Pfeffer abschmecken und noch kurz auf dem abgeschalteten Herd nachquellen lassen. Die Mandelblättchen und Kürbisraspel unter den Reis heben und das Gericht servieren.

Wohlfühl-Bonus:
Reich an hautschützendem Betacarotin und zudem ein richtig leichtes Essen, denn mit nur rund 25 kcal pro 100 Gramm gehören Kürbisse kalorisch zu den Leichtgewichten.

Süß-saure Knutschkugel
Viele neue Produkte braucht kein Mensch, aber die getrocknete Physalis, bei uns unter dem Namen Goldenberry auf dem Markt, ist eine echt gute »Erfindung«. Die kleine orangefarbene Frucht ist reich an Vitamin C und Carotin. Ihre Polyphenole schützen möglicherweise vor Lungenkrebs und Entzündungen. Davon mal abgesehen ist die säuerliche kleine Kugel einfach lecker. Zum Beispiel als Zutat im Müsli, in Quarkspeisen, in Kuchen, Salaten oder wie hier als fruchtige Zugabe zu einem pikanten Gericht.

Schnelles Dinner mit Wow-Effekt:
Sauerkrautquiche mit Tomaten, Schafskäse und Goldenberries

Zubereitung: **30 Minuten**
Ergibt **4 Portionen**

1 Packung Flammkuchenteig für ein Backblech (zum Beispiel von Tante Fanny)
120 g Sauerrahm (10 % Fett)
Salz
frisch gemahlener schwarzer Pfeffer
200 g frisches Sauerkraut, möglichst in Bioqualität
½ Gemüsezwiebel
6 gelbe Cocktailtomaten
2 EL Goldenberries (getrocknete Physalis)
100 g Schafskäse (Feta)
3 Stängel Basilikum

Den Flammkuchenteig aus der Packung nehmen. Er ist bereits in Backpapier eingerollt und muss nur noch vorsichtig auf einem ungefetteten Backblech ausgebreitet werden. Den Backofen auf 200 °C vorheizen.

Den Sauerrahm mit Salz und Pfeffer glattrühren und gleichmäßig auf dem Teig verstreichen. Das Sauerkraut leicht ausdrücken, zerzupfen und auf dem Rahm verteilen. Die halbe Gemüsezwiebel in Ringe schneiden, die Cocktailtomaten halbieren. Beides mit den Goldenberries auf die Sauerkraut-Quiche geben. Den Schafskäse grob zerbröseln und darüberstreuen. Die Quiche mit Salz und Pfeffer würzen und 15–20 Minuten backen, bis der Teigrand goldbraun und knusprig aussieht.

Die fertige Quiche in vier gleich große Stücke teilen und auf großen Tellern oder Holzbrettern anrichten. Die Basilikumblätter abzupfen, in Streifen schneiden und über die fertige Quiche streuen.

Wohlfühl-Bonus:
In Goldenberries und Sauerkraut steckt so viel Vitamin C, dass mit einer Portion schon der Tagesbedarf gedeckt ist.

Das grüne Wunder

Er leuchtet wunderschön grün, schmeckt erfrischend herb und hat diverse positive Effekte auf die Gesundheit: Matcha-Tee aus Japan. Nach der Ernte wird das Blattgewebe des edlen Grüntees zu einem feinen Pulver vermahlen und von Hand gedämpft – so bleiben die kostbaren Inhaltsstoffe erhalten. Zum Beispiel der hohe Koffeingehalt, der dem exotischen Wachmacher den Spitznamen »grüner Espresso« einbringt. Und das geht so: 2 g Pulver mit 60–70 ml heißem Wasser aufgießen und mit dem Schneebesen aufschäumen. Matcha-Espresso pur oder mit aufgeschäumter Milch als Matcha-Latte genießen.

Unbedingt probieren: Kochen mit Grüntee
Linsen-Kokos-Suppe mit Matcha-Swirl und Avocado

Zubereitung: 30 Minuten
Ergibt 2 Portionen

250 g rote Linsen
500 ml Gemüsebrühe
100 ml Kokosmilch
100 ml Kokoswasser
Meersalz
frisch gemahlener weißer Pfeffer
Zitronensaft
1 reife Avocado
50 ml Sojamilch (neutral)
1 TL Matchapulver (zum Beispiel Matcha for Cooking von Aiya)

Die Linsen abspülen und in der Gemüsebrühe in etwa 20 Minuten weich kochen. Ein Drittel der Linsen herausnehmen, den Rest mit dem Stabmixer nicht allzu fein pürieren. Übrige Linsen wieder zugeben.

Kokosmilch und Kokoswasser unterrühren. Die Suppe nochmals erhitzen und 5 Minuten köcheln lassen. Mit Salz, weißem Pfeffer und Zitronensaft abschmecken.

Die Avocado halbieren, entsteinen, schälen und in mundgerechte Stücke schneiden. Die Sojamilch mit dem Matchapulver verrühren und dann mit dem Milchschäumer (oder einem Schneebesen) aufschäumen. Die Suppe in die Teller schöpfen, mittig darauf einen Swirl aus hellgrünem Soja-Milchschaum setzen und die Avocadostücke auf die Teller verteilen.

Wohlfühl-Bonus:
Schnell und einfach zuzubereiten und trotzdem etwas Besonderes.
Matcha verleiht dem Gericht Exotik und sorgt für einen Gesund-Kick.

In dem winzigen Asia-Shop in unserer Nähe wird jeder Kunde mit »Hallo Chef« begrüßt. Da Herr Fu ebenso viele Artikel lagert wie ein Supermarkt von 50-facher Größe, ist es aussichtslos, die benötigten Produkte auf eigene Faust zu finden. Man weiß ohnehin nicht, worum es sich bei den Sachen handelt, denn die Schrift auf den Aufklebern mit der deutschen Übersetzung ist so winzig, dass man sie auch mit Brille nicht entziffern kann. Wir wenden uns also an Herrn Fu, der das Gewünschte mit traumwandlerischer Sicherheit aus einer Ecke seines Ladens zaubert. Mit dem genialen **Tempuramehl**, das er uns neulich gegeben hat, kann man etwa 500g Gemüse in köstliches Tempura verwandeln.

Die asiatische Version von Pommes frites:
Gemüse-Tempura mit dreierlei Saucen

Zubereitung: 20 Minuten
Ergibt 4 Portionen

1 Packung Tempuramehl
1 Gemüsezwiebel
1 rote Paprikaschote
½ kleiner Blumenkohl
1 Zucchini
1 Süßkartoffel
6 braune Champignons
Öl zum Frittieren

Außerdem
Teriyaki-Sauce
süß-scharfe Asia-Sauce

Das Tempuramehl nach Packungsanleitung (Lupe bereit halten!) in kaltem Wasser anrühren und kalt stellen. Das Gemüse putzen oder schälen, waschen, trocken tupfen und in mundgerechte Stücke oder Scheiben schneiden.

In einem hohen Topf Öl zum Frittieren erhitzen. Die Gemüsestücke kurz in den Teig tauchen und in das heiße Frittierfett geben. Sobald der Teig braun wird, die Tempurastücke mit einer Schaumkelle herausnehmen und zum Abtropfen auf einen Teller mit Küchenpapier legen. Anschließend sofort verputzen, denn jedes Warmhalten vermindert den Genuss.

Als Dip dazu Teriyaki- und süß-scharfe Asia-Sauce reichen.

Pasta

Superschnell und superlecker!
Fusilli mit karamellisiertem Sellerie

Zubereitung: **25 Minuten**
Ergibt **4 Portionen**

500 g Fusilli
(alternativ Farfalle, Girandole)
Salz
1 Knolle Sellerie (etwa 400 g)
2 EL Butter
frisch gemahlener schwarzer Pfeffer
2 EL brauner Zucker
1 Bund glatte Perersilie
1 kleine rote Spitzpaprika

Für die Nudeln etwa 4 l Wasser in einem großen Topf zum Kochen bringen, salzen und die Fusilli nach Packungsanleitung darin al dente kochen. Dann die Fusilli abgießen und abtropfen lassen

Den Sellerie mit dem Sparschäler schälen und in etwa 1 cm große Würfel schneiden. Die Butter in einer großen Pfanne schmelzen lassen. Die Selleriewürfel zugeben und mit Salz und Pfeffer würzen. Die Würfel bei mittlerer Temperatur 15–20 Minuten braten, bis sie eine leichte Bräune annehmen und die Butter vollständig aufgesogen haben, dabei von Zeit zu Zeit durchrühren. Jetzt den Zucker zugeben und den Sellerie 4–6 Minuten leicht karamellisieren lassen. Die Petersilie waschen, trocken schütteln und grob hacken. Die Paprika waschen, abtrocknen, putzen und würfeln.

Die Fusilli auf vorgewärmte Teller verteilen. Die Selleriewürfel darauf anrichten und mit der Petersilie und den Paprikawürfeln garnieren.

Wohlfühl-Bonus:
Sellerie mag ich nicht? Das akzeptieren wir nicht, bis Sie dieses Nudelgericht probiert haben. Die Butter hebt das Selleriearoma, macht es zart und unwiderstehlich.

Nudeln – nicht am falschen Ende sparen

Billige Nudeln können ein ganzes Pastagericht verderben. Sie verkleben beim Kochen, werden am Ende glitschig und entwickeln einen muffigen Geschmack. Wenn man die Preise aller Zutaten für ein Pastagericht vergleicht, fallen die Nudeln am wenigsten ins Gewicht. Doch sie bilden die Basis, mit ihnen steht und fällt der Genuss. Da lohnt sich der 1 Euro an Mehrkosten für ein gutes Markenprodukt allemal.

Schnelles Mittagessen für Hungrige:
Penne mit Gorgonzola und Birne

Zubereitung: 20 Minuten
Ergibt 2 Portionen

200 g Penne
Salz
2 Frühlingszwiebeln
1 EL Olivenöl
1 reife Birne
50 ml Sahne
50 ml Milch
70 g Gorgonzola
frisch gemahlener schwarzer Pfeffer

2–3 l Wasser in einem großen Topf zum Kochen bringen, salzen und die Penne nach Packungsanleitung darin al dente kochen, dann abgießen und abtropfen lassen.

Inzwischen die Frühlingszwiebeln putzen, waschen, abtrocknen und in feine Ringe schneiden. Von den oberen, grünen Ringen 2 EL zum Garnieren aufheben. Das Olivenöl in einem Topf erhitzen und die übrigen Zwiebelringe darin anschwitzen. Die Birne abspülen, abtrocknen, halbieren, vom Kerngehäuse befreien und in sehr kleine Würfel schneiden. Dazugeben und alles bei niedriger Temperatur 4 Minuten garen.

Den Topf vom Herd nehmen, Sahne und Milch unterrühren. Den Gorgonzola in Würfel schneiden, dazugeben und bei geringer Temperatur unter ständigem Rühren in der Flüssigkeit auflösen. Nicht kochen lassen, da der Käse sonst ausflocken könnte. Mit wenig Salz und reichlich Pfeffer abschmecken.

Die Penne mit der Käsesauce auf zwei vorgewärmten tiefen Tellern anrichten und mit den zurückgelegten Frühlingszwiebelringen bestreuen.

Wohlfühl-Bonus:
Die mitgekochte Birne gibt der Käsesauce ein feines Fruchtaroma, aber das Beste: Das Essen steht nach 20 Minuten auf dem Tisch!

Der Begriff Puttanesca leitet sich von italienisch *la puttana* (die Prostituierte) ab. **Spaghetti Puttanesca** heißt also »nach Art der Huren«. Doch wie kommt die köstliche Nudelsauce zu einem derart vulgären Namen? Angeblich handelt es sich um ein so einfaches und damit schnell zubereitendes Rezept, dass die Damen es zwischen zwei Freiern herrichten und verspeisen konnten. Wir sollten uns dafür deutlich mehr Zeit nehmen, finden wir, denn es handelt sich um einen echten Genuss.

Servieren Sie eine heiße Geschichte:
Pasta Puttanesca

Zubereitung: **30 Minuten**
Ergibt **2 Portionen**

4 Schalotten
2 Knoblauchzehen
100 g Kirschtomaten
5 grüne, eingelegte Peperoni
2 Stängel frischer Oregano
4 EL Olivenöl
50 ml Rotwein
Salz
frisch gemahlener schwarzer Pfeffer
1 TL Zucker
250 g Spaghetti
10 grüne Oliven
10 Kalamata-Oliven
2 EL eingelegte Kapern
30 g junger Parmesan, frisch gerieben
10 Blättchen Basilikum

Die Schalotten und Knoblauchzehen schälen und fein würfeln. Die Tomaten waschen und vierteln. Die Peperoni vom Stiel befreien und klein schneiden. Die Oreganoblättchen von den Stielen streifen. Das Olivenöl in einem Topf erhitzen und die Schalotten und Knoblauchzehen darin anschwitzen. Tomaten, Peperoni und Oregano dazugeben, den Rotwein angießen. Die Sauce mit Salz, Pfeffer und Zucker würzen und bei niedriger Temperatur etwa 5 Minuten einkochen lassen.

Inzwischen die Spaghetti nach Packungsanleitung in reichlich Salzwasser al dente kochen. Die Oliven entsteinen und klein hacken.

Die Oliven und Kapern in die Sauce geben und die Sauce bei geschlossenem Deckel weitere 5 Minuten köcheln lassen.

Die fertigen Spaghetti abgießen, abtropfen lassen und mit der Puttanesca, fein geriebenem Parmesan und Basilikum auf vorgewärmten, tiefen Tellern anrichten.

Wohlfühl-Bonus:
Kohlenhydrate sind nicht nur schnelle Energiespender, sie machen auch zufrieden und wirken beruhigend. Nach einem stressigen Tag genau das Richtige.

Ein Strauß voller Aromen

Auf dem Wochenmarkt gibt es ab dem Frühjahr oft gemischte Kräutersträußchen. Dörte lauert immer schon darauf, dass sie endlich wieder angeboten werden. Bei unserem Biostand stellen sie liebevoll alle Sorten zusammen, die sie auf ihren Beeten haben. Meist sind auch blühende Kräuter wie Kresse, Lavendel oder Borretsch dabei. So ein kleines Wunderwerk ist ein Ausbund an Freude und Aromen, gefüllt mit wertvollen ätherischen Ölen, sekundären Pflanzenstoffen und Vitaminen!

Weckt Frühlingsgefühle:
Spaghettini mit Erbsen und Kräuterstrauß

Zubereitung: 20 Minuten
Ergibt 2 Portionen

- 200 g Spaghettini
- Salz
- ½ TL Gemüsebrühe-Paste
- 100 g TK-Erbsen
- 50 ml Vollmilch
- Salz
- frisch gemahlener schwarzer Pfeffer
- 30 g junger Parmesan
- 1 Bund gemischte Kräuter vom Wochenmarkt mit Blüten (zum Beispiel Kapuzinerkresse, Borretsch, Estragon, Kerbel, Petersilie, Schnittlauch ...)

Für die Nudeln etwa 2 Liter Wasser in einem großen Topf zum Kochen bringen, salzen und die Spaghettini nach Packungsanleitung darin al dente kochen.

Inzwischen für die Sauce 100 ml Wasser zum Kochen bringen und die Gemüsebrühe einrühren. Die tiefgekühlten Erbsen dazugeben und 5 Minuten köcheln lassen. Anschließend die Milch unterrühren und kurz aufkochen lassen. Kräftig mit Salz und Pfeffer abschmecken. Zwei Drittel der Sauce in ein hohes Gefäß geben und mit dem Stabmixer pürieren.

Den Parmesan mit einem Sparschäler in Späne hobeln. Die Kräuter waschen, trocken schütteln und hacken. Die fertigen Spaghettini abgießen, abtropfen lassen und auf vorgewärmten tiefen Tellern mit beiden Saucen anrichten. Parmesan-späne und Kräuter darüberstreuen und die Teller mit den Kräuterblüten garnieren.

Wohlfühl-Bonus:
Kräuter enthalten eine Vielzahl sekundärer Pflanzenstoffe, die in unserem Körper Schutzwirkung entfalten.

Die Thunfisch-Frage

Wir essen total gerne Thunfisch. Aber darf man das noch? Er gilt doch als überfischt. Und oft gehen Delphine, Schildkröten, sogar Albatrosse als Beifang mit ins Netz. Nachgelesen bei Greenpeace: Das Siegel »delphinfreundlich« oder »dolphin safe« reicht offenbar nicht aus. Besser ist Angelrutenthunfisch. Die Pole & Line Methode akzeptiert sogar Greenpeace. Außerdem positiv: Auch Fischer mit kleineren Booten können die Fangmethode praktizieren. Unser Fang im Supermarkt: drei mal Angelruten-Thunfisch, John West, Vier Diamanten und Followfish. Die beiden Letzteren tragen zusätzlich das MSC-Siegel. Das gute Gewissen hat seinen Preis, aber auch hier gilt: lieber seltener, dafür mit Genuss futtern!

Herrlich intensiv und aromatisch:
Tagliatelle-Nester
mit scharf-süßer Thunfischsauce

Zubereitung: 40 Minuten
Ergibt 4 Portionen

4 Knoblauchzehen
1 süße Gemüsezwiebel
4 EL Olivenöl
4 EL brauner Zucker
1 Dose geschälte Tomaten
1 Zweig frischer Rosmarin
500 g Tagliatelle in Nestform
2 Dosen Thunfisch in Öl
2 EL Balsamicoessig
40 ml Portwein
½ TL Chiliflocken
Meersalz
frisch gemahlener schwarzer Pfeffer
50 g alter Parmesan, in Späne gehobelt

Den Knoblauch und die Zwiebel schälen und fein würfeln. Das Olivenöl in einem Topf mit großer Grundfläche erhitzen, Zwiebel und Knoblauch darin anschwitzen. Den Zucker zugeben und leicht karamellisieren lassen. Den Topf vom Herd nehmen, die Tomaten dazugeben und mit einem Kartoffelstampfer vorsichtig zerdrücken, den Rosmarin hineinlegen. Die Sauce aufkochen und bei niedriger Temperatur ohne Deckel 15–20 Minuten köcheln lassen, bis sich die Menge um etwa ein Drittel reduziert hat.

In der Zwischenzeit die Tagliatelle nach Packungsanleitung in reichlich Salzwasser al dente kochen. Die Thunfischdosen öffnen und das Öl abgießen. Die Filets in eine Schüssel geben, mit einer Gabel zerzupfen und mit dem Essig, dem Portwein und den Chiliflocken vermischen. Mit Salz und wenig Pfeffer würzen.

Den Topf vom Herd nehmen, den Rosmarinzweig entfernen und den Thunfisch unterrühren. Die Sauce erneut erhitzen und abschmecken. Die fertigen Tagliatelle abgießen und abtropfen lassen. Die Sauce auf vier vorgewärmte tiefe Teller geben, die Tagliatelle darauf anrichten und mit Parmesanspänen bestreuen.

Wohlfühl-Bonus:
Mit seinem hohen Gehalt an Protein, Vitamin A, D und ungesättigten Fettsäuren ist der Thunfisch besonders wertvoll. So zubereitet, werden ihn sogar Kinder lieben.

Nudelreste clever verarbeitet:
Makkaroni-Tortilla mit Sardinenfilets

Zubereitung: 30 Minuten
Ergibt 4 – 6 Portionen

200 g Makkaroni
Meersalz
1 Stange Lauch
10 Kirschtomaten
10 grüne Oliven
4 Bio-Eier
2 EL Milch
frisch gemahlener schwarzer Pfeffer
1 kleine Dose Ölsardinen (alternativ 6 – 10 Sardellenfilets)
2 EL Olivenöl
3 Stängel glatte Petersilie

Reichlich Wasser in einem großen Topf aufkochen, salzen und die Makkaroni nach Packungsanleitung darin al dente kochen. Dann abgießen und gut abtropfen lassen. Während die Nudeln kochen, vom Lauch den Wurzelansatz und dunkelgrünen Teil abschneiden. Die Stange sorgfältig waschen und abtrocknen, der Länge nach halbieren und in feine, lange Streifen schneiden. Die Tomaten waschen und halbieren. Die Oliven halbieren und entsteinen. Die Eier aufschlagen, mit der Milch verquirlen, salzen und pfeffern. Die Sardinen abtropfen lassen, falls nötig von der Mittelgräte befreien und in drei bis vier Stücke teilen.

Das Olivenöl bei mittlerer Temperatur in einer großen, beschichteten Pfanne mit hohem Rand erhitzen und den Lauch darin anschwitzen. Sardinen, Tomaten und Oliven dazugeben und alles durchschwenken; leicht mit Salz und kräftig mit Pfeffer würzen. Die Petersilie waschen, trocken schütteln und fein hacken.

Die Nudeln unter die Zutaten in der Pfanne mischen. Die Eier darübergießen, und zugedeckt bei geringer Temperatur in etwa 10 Minuten stocken lassen. Vom Herd nehmen und noch 5 Minuten ruhen lassen. Die Makkaroni-Tortilla auf ein großes Brett stürzen und in vier bis sechs Tortenstücke teilen. Mit der gehackten Petersilie garnieren.

Tipp:
Alternativ kann man pro Portion eine kleine Tortilla machen. Dazu passen die Mairübchen mit Erdbeeren (siehe Seite 70).

Wohlfühl-Bonus:
Sardinen gehören zu den gesunden Fettfischen. Und Fisch aus der Dose ist besser als sein Ruf. In Ölsardinen ist nix drin, außer dem Fisch und etwas Öl.

Dieses Rezept haben wir einem großartigen Künstler, dem viel zu früh verstorbenen Maler Dirk Sommer, zu verdanken. Er brachte es vor rund 25 Jahren aus Brooklyn mit, wo er ein Jahr lang im Rahmen eines Künstler-Stipendiums lebte und arbeitete. Es handelt sich um eine **Aglio-Olio-Variante,** die er in einem kleinen italienischen Restaurant in der Nähe seines Ateliers kennen und lieben gelernt hatte. Es funktioniert auch mit anderen kurzen Nudeln, doch die Fusilli nehmen das würzig-scharfe Olivenöl am besten auf.

Bringt Glanz auf die Lippen:
Scharfe Nudeln aus Brooklyn

Zubereitung: 20 Minuten
Ergibt 4 Portionen

500 g Fusilli
Salz
7 Knoblauchzehen
1 Bund Frühlingszwiebeln
6 EL Olivenöl
1 EL Gemüsebrühe-Paste
5 scharfe, grüne Chilischoten aus dem Glas

Für die Fusilli in reichlich Wasser in einem großen Topf zum Kochen bringen, salzen und die Nudeln nach Packungsanleitung darin al dente kochen.

Inzwischen die Knoblauchzehen schälen und in Scheiben schneiden. Die Frühlingszwiebeln waschen, abtrocknen, putzen und klein schneiden.

Das Olivenöl in einer Wokpfanne oder einer großen Pfanne mit hohem Rand bei mittlerer Temperatur erhitzen. Den Knoblauch und die Hälfte der Frühlingszwiebeln darin anschwitzen. Die Brühe dazugeben und unterrühren, die Temperatur reduzieren. Die Chilischoten sehr klein schneiden, dazugeben.

Die fertigen Fusilli abgießen, abtropfen lassen und in die Wokpfanne geben. Vorsichtig unterheben, dann auf vorgewärmte, tiefe Teller geben. Mit den restlichen Frühlingszwiebeln bestreuen und servieren.

Wohlfühl-Bonus:
Olivenöl ist für seine gefäßschützende und entzündungshemmende Wirkung bekannt. Bei diesem einfachen Gericht wird nicht daran gespart, was man an den glänzenden Lippen der Esser erkennen kann.

Süßes

Fruchtig und fluffig:
Feigen-Pancakes mit Ahornsirup

Zubereitung: 30 Minuten
Ergibt 4 Pancakes

1 Bio-Ei
50 ml Buttermilch
1 TL Backpulver
Meersalz
2 TL Pinienkerne
40 g Buchweizenmehl
2 frische Feigen
1 EL Butter
2 EL Agavendicksaft

Das Ei trennen. Eigelb und Buttermilch in einer Schüssel verquirlen. Backpulver, Salz, Pinienkerne und Mehl mischen und mit der Eiermilch verrühren. Das Eiweiß mit dem Handrührgerät sehr steif schlagen und unter den Teig heben.

Die Feigen abbrausen und dann abtrocknen. Den Stielansatz entfernen und die Früchte in dicke Scheiben schneiden.

Eine beschichte Pfanne mit der Butter bei mittlerer Temperatur erhitzen. Ein Viertel des Teigs pro Pancake in die Pfanne geben und sofort je eine Feigenscheiben darauflegen, damit sie in den Teig eingebacken wird. Nach etwa 2 Minuten den Pancake vorsichtig wenden. Die fertigen Pancakes mit Agavendicksaft beträufeln und servieren.

Wohlfühl-Bonus:
**Pancakes werden durch etwas Backpulver besonders locker und luftig –
frisch gebacken eine Köstlichkeit. Der Agavendicksaft sorgt für gesunde Süße.**

Ungewöhnlich, aber gut:
Cornflakesschmarrn mit Erdbeer-Wasabi-Spiegel

Zubereitung: **20 Minuten**
Ergibt **2 Portionen**

Für das Kompott
100 g Erdbeeren
¼ TL Wasabipaste
1 EL Limettensaft
1 TL Ahornsirup

Für den Schmarrn
1 Vanilleschote
2 Bio-Eier
3 EL brauner Zucker
Meersalz
40 g Mehl
1 TL Backpulver
2 EL Milch
2 EL Butter
40 g Cornflakes (ungezuckert)

Die Erdbeeren abbrausen, putzen und halbieren. Die Früchte mit einem großen Messer fein hacken und dann in eine Schüssel geben. Die Wasabipaste, den Limettensaft und den Ahornsirup gut unterrühren. Nach Belieben noch etwas Wasabi zugeben, dessen Schärfe sollte dezent im Hintergrund bleiben.

Für den Schmarrn die Vanilleschote der Länge nach aufschneiden und das Mark mit einem Löffel herausschaben. Die Eier, 2 EL Zucker, Vanillemark und 1 Prise Meersalz in einem Becher mit hohem Rand schaumig schlagen. Das mit dem Backpulver vermischte Mehl und die Milch unterrühren.

1 EL Butter in einer beschichteten Pfanne schmelzen lassen und die Cornflakes hineingeben. Die Eiermasse über die Cornflakes gießen und stocken lassen. Nach 2–3 Minuten wenden, die restliche Butter in die Pfanne geben und schmelzen lassen. Dann den Schmarrn mit zwei Kochlöffeln in mundgerechte Stücke zupfen, mit dem restlichen Zucker bestreuen, nochmals in der Pfanne schwenken und dann vom Herd nehmen.

Den Schmarrn auf zwei flachen Tellern anrichten. Das Erdbeerkompott auf zwei kleine Schälchen verteilen und dazu servieren.

Tipp:
Statt Erdbeeren können Sie auch Himbeeren, Kirschen oder Pflaumen verwenden. Probieren Sie rosa Pfeffer oder etwas Chili statt Wasabi.

Wohlfühl-Bonus:
Die Kombination aus Frucht und Schärfe belebt und regt den Stoffwechsel an. Deshalb fühlen Sie sich nach diesem Dessert noch fit und aktiv.

Endlich Beerenzeit!
Mandelpudding mit Thymian und Beerenkompott

Zubereitung: 30 Minuten
Ergibt 4 **Portionen**

Für den Mandelpudding
250 ml Milch
30 g Speisestärke
2 EL brauner Zucker
2 Zweige Thymian
50 g gemahlene Mandeln
50 g gehackte Mandeln

Für das Kompott
250 g Heidelbeeren
250 g kernlose, helle Weintrauben
250 g Johannisbeeren
75 ml Johannisbeersaft
2 EL Ahornsirup
2 EL Zitronensaft
3 Stängel frische Minze

Von der Milch 4 EL abnehmen und mit der Stärke und dem Zucker in einem kleinen Schälchen glatt rühren. Die übrige Milch zusammen mit dem Thymian in einem Topf aufkochen lassen. Den Herd ausschalten und den Thymian in der Milch 5 Minuten ziehen lassen, dann herausnehmen.

Den Herd auf mittlere bis hohe Temperatur stellen, die angerührte Stärke in die Milch rühren und kurz aufkochen lassen. Vom Herd nehmen und die gemahlenen und gehackten Mandeln unterrühren. Den Pudding auf vier Schälchen verteilen und kalt stellen.

Die Früchte waschen und dann trocken tupfen. Die Trauben halbieren. Die Johannisbeeren mit einer Gabel von den Rispen streifen. Das vorbereitete Früchtetrio, den Johannisbeersaft, den Ahornsirup und den Zitronensaft in einen Topf geben. Bei geringer Temperatur etwa 3 Minuten köcheln lassen; vom Herd nehmen.
Die Minze abspülen, trocken schütteln und die Blätter in feine Streifen schneiden. Unter das Kompott rühren und alles etwas abkühlen lassen.

Den Pudding auf Dessertteller stürzen und mit dem lauwarmen Kompott anrichten.

Tipp:
Wenn Sie das Rezept außerhalb der Beerensaison zubereiten möchten, nehmen Sie eine TK-Beerenmischung. Die gibt's in jedem gut sortierten Supermarkt.

Wohlfühl-Bonus:
Mandeln sind reich an B-Vitaminen und Mineralstoffen. Laut einer Studie helfen sie sogar beim Abnehmen – wenn man täglich eine Handvoll snackt.

Der etwas andere Nachtisch:
Grüne Grütze mit Dattel-Mandel-Krümeln

**Zubereitung: 20 Minuten
(ohne Abkühlzeit)
Ergibt 4 Portionen**

Für die Grütze
4 Kiwis
1 Biominigurke
2 haselnussgroße Stücke Ingwer
8 EL Gelierzucker (2:1)

Für die Krümel
3 getrocknete Datteln
2 EL gemahlene Mandeln
1 EL Ahornsirup oder flüssiger Honig

Außerdem
4 EL Schmant

Die Kiwis schälen, vom harten Stielansatz befreien und fein würfeln. Die Gurke abwaschen, abtrocknen und die Enden abschneiden. Die Gurke ebenfalls fein würfeln. Kiwis und Gurke in einen kleinen Topf geben. Die Ingwerstücke schälen, in die Knoblauchpresse geben und den Ingwersaft direkt zu den Früchten pressen. Den Gelierzucker zugeben und alles unter Rühren zum Kochen bringen. Dann unter ständigem Rühren 4 Minuten sprudelnd kochen lassen. Mit dem Pürierstab kurz durchmixen und abkühlen lassen.

Die Datteln sehr fein würfeln und in eine kleine Pfanne geben. Die Mandeln und den Sirup oder Honig zufügen und unter Rühren kurz erhitzen. So vermischen, dass sich kleine Klümpchen bilden. Vom Herd nehmen und abkühlen lassen.

Die Grütze auf vier Glasschälchen verteilen. Auf jede Portion einen Klecks Schmant geben und die Dattel-Mandel-Krümel darüber verteilen.

**Wohlfühl-Bonus:
Eine überraschende neue Geschmackskombination mit viel Vitamin C. Fruchtig und frisch.**

Raffiniert, aber nicht zu aufwendig:
Limettenschichtspeise mit gegrillten Pflaumen

Zubereitung: **15 Minuten**
Ergibt **4 Portionen**

8 Limetten
8 EL brauner Zucker
1 Tüte Vanillesaucenpulver (mit echter Vanille)
Mark von 1 Vanilleschote
200 g Sahnequark
100 g Naturjoghurt
8 Pflaumen
2 TL flüssiger Honig

Für die Limettenschicht den Saft aller Limetten auspressen und in einem kleinen Topf mit dem braunen Zucker zum Kochen bringen. Dabei rühren, bis sich der Zucker aufgelöst hat. 5–6 TL Vanillesaucenpulver mit etwas Wasser anrühren und unter Rühren zum Limettensaft geben. Nochmals aufkochen. Etwas abkühlen lassen und auf vier Gläser verteilen. Auskühlen und fest werden lassen.

Für die zweite Schicht die Vanilleschote längs aufschlitzen und das Mark herauskratzen. Quark, Joghurt und Vanillemark in eine kleine Schüssel geben und mit dem Schneebesen aufschlagen. Auf die ausgekühlte Limettencreme geben.

Die Pflaumen halbieren, entsteinen und mit der Schnittfläche nach unten in eine Grillpfanne oder im Sommer draußen auf den Grill legen. 2–3 Minuten grillen. Die Früchte wenden und in die Höhlung etwas Honig geben. Je vier Pflaumenhälften in jedes Glas mit Schichtcreme setzen.

Wohlfühl-Bonus:
Schmeckt herrlich frisch nach Limette, aber trotzdem süß und cremig.

Süßes

Superfixes Angeber-Dessert:
Blitz-Tiramisu mit Himbeeren und Frischkäse

Zubereitung: 15 Minuten
Ergibt 4 Portionen

100 g Löffelbiskuits
100 ml Cranberrysaft
4 EL roter Fruchtsirup
(zum Beispiel Holunder-, Aronia- oder Granatapfelsirup)
200 g Frischkäse
400 g Himbeeren, verlesen
4 TL brauner Zucker

Die Löffelbiskuits nebeneinander in eine eckige Auflaufform legen. Saft und Sirup mischen und über die Biskuits gießen.

Den Frischkäse mit einem Messer gleichmäßig auf den Biskuits verteilen. Die Himbeeren auf die Frischkäseschicht geben und den Zucker darüberstreuen. Das Dessert im Kühlschrank kurz durchziehen lassen, damit die Biskuits die Flüssigkeit aufsaugen können.

Wohlfühl-Bonus:
Beeren glänzen durch ihren hohen Gehalt an Anthocyanen. Die dunkelroten bis blauvioletten Pflanzenfarbstoffe wirken entzündungshemmend. Hier tauchen sie gleich dreifach auf.

Unter der Haube:
Gratinierte Aprikosen mit Quark-Mohn-Haube

Zubereitung: 20 Minuten,
plus 25 Minuten im Backofen
Ergibt 4 Portionen

8 Aprikosen
1 Bio-Limette
3 EL Aprikosenlikör
(ersatzweise Kirsch- oder Orangenlikör)
2 Bio-Eier
3 EL Honig
400 g Quark
2 EL Mohn

Die Aprikosen waschen vom Stein befreien und halbieren. Die Limette heiß abwaschen und gut trocken reiben. Die Limettenschale abreiben, den Limettensaft auspressen. Die Aprikosenhälften mit der Schnittfläche nach unten in eine flache Auflaufform legen. Mit Limettensaft und Likör beträufeln. Den Backofen auf 180 °C vorheizen.

Die Eier trennen. Eigelb, Honig, Quark, Limettenschale und Mohn cremig rühren. Das Eiweiß steif schlagen und unterheben. Die Masse über den Aprikosen verteilen und im Ofen etwa 20 Minuten gratinieren, in den letzten 5 Minuten den Grill zuschalten.

Wohlfühl-Bonus:
Aprikosen sind Beauty-Food par excellence. Mit ihrem Carotingehalt sind sie gut für Augen und Haut.

Unsere Lieblingsprodukte

Da wir sowohl beruflich als auch privat viel und gern kochen, probieren wir regelmäßig neue Produkte aus. Manches davon ist enttäuschend, anderes eher überflüssig. Doch es gibt auch echte Highlights. Einige Produkte sind so gut, dass wir an ihnen bei der Rezeptentwicklung nicht vorbeigekommen sind. Deshalb haben sie es redlich verdient, hier vorgestellt und empfohlen zu werden.

Kikkoman natürlich gebraute Sojasauce
Wenige Zutaten auf traditionelle Art zu verarbeiten ist ein Konzept ganz nach unserem Geschmack. Aus Sojabohnen, Weizen, Wasser und Salz entsteht, nach einem sechsmonatigen Brauprozess, der Klassiker unter den Sojasaucen: Kikkoman! Neu im Sortiment: Natürlich gebraute Tamari glutenfreie Sojasauce. Da diese Variante keinen Alkohol enthält, ist sie außerdem »halal«, also für Menschen muslimischen Glaubens geeignet.
Mehr Infos unter: www.kikkoman.de

Vitam Gemüse-Hefebrühe
Als würzige Basis für Eintöpfe, Suppen und Saucen ist diese Gemüsebrühe einfach optimal. Sie ist frei von tierischen Fetten und Aromen zweifelhafter Herkunft, kommt also rein vegan daher. Durch ihre pastöse Konsistenz lässt sie sich gut dosieren – sehr lecker!
Mehr Infos unter: www.vitam.de

Vitaquell Öle
Gute Öle sind der Dreh- und Angelpunkt einer gesunden Küche. Und es erfordert ein bisschen Know-how und Erfahrung, welche man wofür einsetzt. Beim Braten zum Beispiel kommt es auf die Hitzebeständigkeit an, damit das Öl nicht verbrennt. Für alles, was roh verzehrt wird, also vor allem für Salate, greifen wir zu den hochwertigen, schonend verarbeiten Pflanzenölen von Vitaquell. Die bestechend große Auswahl lässt wirklich keine Wünsche offen und wartet mit echten Spezialitäten wie dem Macadamianussöl in Bioqualität auf.
Mehr Infos unter: www.vitaquell.de

Terrafertil Goldenberries
Dass es Kapstachelbeeren, auch Physalis genannt, in getrockneter Form gibt, gehört für uns zu den echten Neuentdeckungen. Handgepflückt in Kolumbien, an den Ausläufern der Anden, werden die Früchte schonend getrocknet und in alle Welt exportiert. Man kann Goldenberries wie getrocknete Weinbeeren einsetzen, sie schmecken allerdings nicht ganz so süß. Dafür enthalten sie viel mehr Vitamin C.
Mehr Infos unter: www.goldenberries.de

Fresh Produce Center
Bei Tomaten hat sich in den letzten Jahren viel getan – immer neue Züchtungen werben um die Gunst der Kunden. Besonders die kleinen, bunten Sorten in gelb, orange und die schwarzgrüne Kumato haben wir schätzen und lieben gelernt. Denn obwohl es sich dabei um ganzjährig verfügbare Gewächshausware handelt, ist der Geschmack alles andere als fad. Wässrige Winterware ist Schnee von gestern – den findigen Holländern sei Dank!
Mehr Infos unter: www.groentenfruithuis.nl

Almond Board of California
Mandeln sind reich an ungesättigten Fettsäuren, Eiweiß und Ballaststoffen. Studien zeigen, dass der tägliche Verzehr einer Handvoll Mandeln als Snack das Risiko von Herzerkrankungen verringern kann, außerdem ist die cholesterinsenkende Wirkung belegt. Wir schätzen vor allem ihre Vielseitigkeit und haben sie daher gleich in mehreren Rezepten eingesetzt.
Mehr Infos unter: www.almonds.de

American Pistachio Growers
Eine Handvoll Pistazien ist ein leckerer und gesunder kleiner Snack für zwischendurch. Die kleinen grünen Kerne enthalten nämlich gesunde Fettsäuren und wichtige Mineralstoffe wie Kalium, Calcium und Magnesium. Dass sie sich gehackt als Bestandteil einer würzigen Panade eignen, haben wir bei unserem *Hähnchenschnitzel mit Pistazienkruste* entdeckt. Unserer Erfahrung nach kommt die beste Ware aus dem sonnigen Kalifornien – hier stimmen Qualität und Geschmack!
Mehr Infos unter: www.americanpistachios.de

Register

A
Apfel
- Blumenkohl-Muffins mit Schafskäse und Apfel 102
- French-Toast mit Kokos und Apfelkompott 48
- Steinofenbrot mit Apfel, Meerrettich und Kresse 106
- Vollkornbrot mit Apfel-Marzipan-Aufstrich 52

Aprikose, gratinierte, mit Quark-Mohn-Haube 186

Aubergine
- Dörtes orientalisches Rindergulasch 138
- Gebratene Auberginen mit Tomatensauce und Schmant 144

Austernpilz, Friséesalat mit marinierten Pilzen 76

Avocado
- Avocado mit den frischesten Nordseekrabben der Welt 88
- Linsen-Kokos-Suppe mit Matcha-Swirl und Avocado 158
- Sashimi vom Lachs mit edlem Gemüse 96
- Sellerie-Reis-Puffer mit Avocado-Kräuter-Dip 142

B
Banane
- Bananen-Grapefruit-Shake 61
- Genießer-Porridge mit Dattel-Pistazien-Topping 54
- Mandelmilch mit Kleie und Erdbeeren 52

Bauernbrotpizza mit Frühlingszwiebeln, Tomaten und Gouda 98

Birne
- Black & White-Schnitten mit Birne 48
- Mangosalat mit Koriander und roten Zwiebeln 72
- Penne mit Gorgonzola und Birne 164

Black & White-Schnitten mit Birne 48
Blätterteigröllchen mit Spargel und Schinken 100

Blumenkohl
- Blumenkohl-Muffins mit Schafskäse und Apfel 102
- Gemüse-Tempura mit dreierlei Saucen 160

Bündner Fleisch, Mariniertes Trockenfleisch mit Selleriesalat 82
Butternusstaler mit Hackfleischfüllung 134

C
Chicorée
- Japanischer Rindfleischsalat mit Pumpernickel 64
- Räucherlachs mit Chicorée und Erdnussdressing 94
- Thunfisch-Burger mit Chicorée 108

Chilischote, Scharfe Nudeln aus Brooklyn 174
Cornflakesschmarrn mit Erdbeer-Wasabi-Spiegel 178

D
Dattel
- Genießer-Porridge mit Dattel-Pistazien-Topping 54
- Grüne Grütze mit Dattel-Mandel-Krümeln 182

Döner mit Schafskäse-Linsen-Füllung 108

E
Ei
- Ei im Glas mit Kräuterkrebsen 50
- Eier und Schinken im Pastakörbchen 50
- »Mondsüchtiges« Ei im Brot 50

Erbse
- Erbsen-Kokos-Drink 61
- Spaghettini mit Erbsen und Kräuterstrauß 168

Erdbeere
- Cornflakesschmarrn mit Erdbeer-Wasabi-Spiegel 178
- Mairübchen mit Erdbeeren und dem schnellsten Dressing der Welt 70
- Mandelmilch mit Kleie und Erdbeeren 52

Erdnuss, Räucherlachs mit Chicorée und Erdnussdressing 94

F
Feige
- Dörtes orientalisches Rindergulasch 138
- Feigen-Pancakes mit Ahornsirup 176

Feldsalat
- Butternusstaler mit Hackfleischfüllung 134
- Feldsalat mit Jakobsmuscheln und Granatapfeldressing 74

Fenchel
- Fenchel-Orangen-Salat mit aromatisiertem Meersalz 66
- Fischsuppe mit Muscheln, Fenchel und Ouzo 114
- Forelle vom Blech mit gefüllten Mini-Paprika 110
- Krautsalat mit Melone und Thai-Basilikum 62
- Rindfleischfleckerl mit Fenchel-Karotten-Gemüse 136

Filoteig-Törtchen mit Spinat und Pinienkernen 104
Fischsuppe mit Muscheln, Fenchel und Ouzo 114
Flusskrebs, Ei im Glas mit Kräuterkrebsen 50
Forelle vom Blech mit gefüllten Mini-Paprika 110
French-Toast mit Kokos und Apfelkompott 48
Friséesalat mit marinierten Pilzen 76

Frühlingszwiebel
- Bauernbrotpizza mit Frühlingszwiebeln, Tomaten und Gouda 98
- Scharfe Nudeln aus Brooklyn 174

Viergeteilter Romanasalat mit Salsa tricolore 68
Fusilli mit karamellisiertem Sellerie 162

G
Garnele, Riesengarnelen in Chili-Brandy-Sauce 112
Gnocchi, Lammfilet mit Salbeibutter und Limettengnocchi 132
Granatapfel, Feldsalat mit Jakobsmuscheln und Granatapfeldressing 74
Grapefruit, Bananen-Grapefruit-Shake 61
Grüne Grütze mit Dattel-Mandel-Krümeln 182

Gurke
- Erbsen-Kokos-Drink 61
- Grüne Grütze mit Dattel-Mandel-Krümeln 182
- Japanischer Rindfleischsalat mit Pumpernickel 64
- Lachsfinger in Sesam-Chili-Kruste auf Romanasalat 122
- Sashimi vom Lachs mit edlem Gemüse 96

H
Hähnchen
- Hähnchenbrust mit Kokospanade und Mandarinendip 130
- Hähnchenschenkel zu Ofentomaten und neuen Kartoffeln 140
- Hähnchenschnitzel mit Pistazienkruste und Himbeersalsa 90

Heidelbeere
- Heidelbeer-Bete-Shake 61
- Mandelpudding mit Thymian und Beerenkompott 180

Himbeere
- Blitz-Tiramisu mit Himbeeren und Frischkäse 186
- Hähnchenschnitzel mit Pistazienkruste und Himbeersalsa 90

I, J
Ingwer
- Mango-Ingwer-Smoothie 60
- Spargel-Hackfleisch-Pfanne mit frischem Ingwer 128

Jakobsmuschel, Feldsalat mit Jakobsmuscheln und Granatapfeldressing 74
Japanischer Rindfleischsalat mit Pumpernickel 64
Johannisbeere, Mandelpudding mit Thymian und Beerenkompott 180

K
Kabeljaubällchen mit Estragon und Fenchel 92

Karotte
- Dörtes orientalisches Rindergulasch 138
- Karotten mit karamellisierten Walnüssen und Kressejoghurt 80
- Rindfleischfleckerl mit Fenchel-Karotten-Gemüse 136

Kartoffel
- Beefbuletten mit Kartoffelstroh 126
- Hähnchenschenkel zu Ofentomaten und neuen Kartoffeln 140
- In Frischkäse gebratener Thunfisch mit Wasabi-Kartoffelsalat 120
- Lammfilet mit Salbeibutter und Limetten-Gnocchi 132

Käse
- Bauernbrotpizza mit Frühlingszwiebeln, Tomaten und Gouda 98
- Black & White-Schnitten mit Birne 48
- Blumenkohl-Muffins mit Schafskäse und Apfel 102
- Döner mit Schafskäse-Linsen-Füllung 108
- Filoteig-Törtchen mit Spinat und Pinienkernen 104
- Forelle vom Blech mit gefüllten Mini-Paprika 110
- Naan mit Ziegenkäse 106
- Penne mit Gorgonzola und Birne 164
- Quesadillas mit Blue Stilton und Koriander-Minz-Pesto 46
- Sauerkrautquiche mit Tomaten, Schafskäse und Golden Berries 156
- Tomaten und Schafskäse vom Blech 150

Kiwi, Grüne Grütze mit Dattel-Mandel-Krümeln 182

Kokosmilch
- Erbsen-Kokos-Drink 61
- Linsen-Kokos-Suppe mit Matcha-Swirl und Avocado 158
- Mandelmilch mit Kleie und Erdbeeren 52
- Marinierte Tofuwürfel mit aromatischem Pilztrio 148

Kräuterseitling, Friséesalat mit marinierten Pilzen 76
Krautsalat mit Melone und Thai-Basilikum 62

Kürbis
- Butternusstaler mit Hackfleischfüllung 134
- Hokkaido-Reis mit Mandelblättchen 154

L
Lachs
- Lachsfinger in Sesam-Chili-Kruste auf Romanasalat 122
- Räucherlachs mit Chicorée und Erdnussdressing 94
- Sashimi vom Lachs mit edlem Gemüse 96

Lamm, Lammfilet mit Salbeibutter und Limettengnocchi ... 132
Limettenschichtspeise mit gegrillten Pflaumen ... 184
Linsen
    Döner mit Schafskäse-Linsen-Füllung ... 108
    Gewürfelte Schweinelende mit Mango und Linsengemüse ... 124
    Linsen-Kokos-Suppe mit Matcha-Swirl und Avocado ... 158
    Mediterraner Linsen-Tomaten-Salat ... 78

M
Mairübchen mit Erdbeeren und dem schnellsten Dressing der Welt ... 70
Makkaroni-Tortilla mit Sardinenfilets ... 172
Mandel
    Dörtes Lieblingsmüsli ... 56
    Grüne Grütze mit Dattel-Mandel-Krümeln ... 182
    Hokkaido-Reis mit Mandelblättchen ... 154
    Mandelmilch mit Kleie und Erdbeeren ... 52
    Mandelpudding mit Thymian und Beerenkompott ... 180
    Palmenherzen mit Mandelmayonnaise und Pata Negra ... 84
Mango
    Gewürfelte Schweinelende mit Mango und Linsengemüse ... 124
    Mango-Ingwer-Smoothie ... 60
    Mangosalat mit Koriander und roten Zwiebeln ... 72
Mariniertes Trockenfleisch mit Selleriesalat ... 82
Marzipan, Vollkornbrot mit Apfel-Marzipan-Aufstrich ... 52
Meeresfrüchte, Fischsuppe mit Muscheln, Fenchel und Ouzo ... 114
Meerrettich, Steinofenbrot mit Apfel, Meerrettich und Kresse ... 106
Melone, Krautsalat mit Melone und Thai-Basilikum ... 62
Müsli, Dörtes Lieblingsmüsli ... 56

N
Naan mit Ziegenkäse ... 106
Nordseekrabben, Avocado mit den frischesten Nordseekrabben der Welt ... 82

O
Olive, Pasta Puttanesca ... 166
Ölsardine, Makkaroni-Tortilla mit Sardinenfilets ... 172
Orange
    Fenchel-Orangen-Salat mit aromatisiertem Meersalz ... 66
    Mango-Ingwer-Smoothie ... 60
    Pikanter Tomaten-Mix ... 60

P
Pak choi, Japanische Nudelsuppe »Miso-Ramen« ... 146
Palmenherzen mit Mandelmayonnaise und Pata Negra ... 84
Pancake, Feigen-Pancakes mit Ahornsirup ... 176
Paprika
    Forelle vom Blech mit gefüllten Mini-Paprika ... 110
    Gemüse-Tempura mit dreierlei Saucen ... 160
    Japanische Nudelsuppe »Miso-Ramen« ... 146
    Lachsfinger in Sesam-Chili-Kruste auf Romanasalat ... 122
    Mangosalat mit Koriander und roten Zwiebeln ... 72
    Mediterraner Linsen-Tomaten-Salat ... 78
    Naan mit Ziegenkäse ... 106
    Viergeteilter Romanasalat mit Salsa tricolore ... 68
Penne mit Gorgonzola und Birne ... 164
Pfifferlingtarte »Upside Down« ... 152
Pflaume, Limettenschichtspeise mit gegrillten Pflaumen ... 184
Pilz
    Gemüse-Tempura mit dreierlei Saucen ... 160
    Hähnchenschenkel zu Ofentomaten und neuen Kartoffeln ... 140
    Japanische Nudelsuppe »Miso-Ramen« ... 146
    Marinierte Tofuwürfel mit aromatischem Pilztrio ... 148
    Pfifferlingtarte »Upside Down« ... 152
Pistazie
    Genießer-Porridge mit Dattel-Pistazien-Topping ... 54
    Hähnchenschnitzel mit Pistazienkruste und Himbeersalsa ... 90
Porridge, Genießer-Porridge mit Dattel-Pistazien-Topping ... 54

Q
Quark
    Gratinierte Aprikosen mit Quark-Mohn-Haube ... 186
    Limettenschichtspeise mit gegrillten Pflaumen ... 184
Quesadillas mit Blue Stilton und Koriander-Minz-Pesto ... 46

R
Reis
    Hokkaido-Reis mit Mandelblättchen ... 154
    Sellerie-Reis-Puffer mit Avocado-Kräuter-Dip ... 142
Riesengarnelen in Chili-Brandy-Sauce ... 112
Rind
    Beefbuletten mit Kartoffelstroh ... 126
    Butternusstaler mit Hackfleischfüllung ... 134
    Dörtes orientalisches Rindergulasch ... 138
    Japanischer Rindfleischsalat mit Pumpernickel ... 64
    Rindfleischfleckerl mit Fenchel-Karotten-Gemüse ... 136
    Spargel-Hackfleisch-Pfanne mit frischem Ingwer ... 128
Romanasalat, Viergeteilter Romanasalat mit Salsa tricolore ... 68
Rote-Bete-Saft, Heidelbeer-Bete-Shake ... 61

S
Saibling, Gebratener Spargel und Kerbelpesto zu Saiblingsfilet ... 116
Sashimi vom Lachs mit edlem Gemüse ... 96
Sauerkrautquiche mit Tomaten, Schafskäse und Golden Berries ... 156
Scharfe Nudeln aus Brooklyn ... 174
Schinken
    Blätterteigröllchen mit Spargel und Schinken ... 100
    Eier und Schinken im Pastakörbchen ... 50
    Palmenherzen mit Mandelmayonnaise und Pata Negra ... 84
Schwein, Gewürfelte Schweinelende mit Mango und Linsengemüse ... 124
Seelachs, Panierte Seelachsstreifen mit Süßkartoffel-Pommes ... 118
Sellerie
    Fusilli mit karamellisiertem Sellerie ... 162
    Mariniertes Trockenfleisch mit Selleriesalat ... 82
    Sashimi vom Lachs mit edlem Gemüse ... 96
    Sellerie-Reis-Puffer mit Avocado-Kräuter-Dip ... 142
Spaghettini mit Erbsen und Kräuterstrauß ... 168
Spargel
    Blätterteigröllchen mit Spargel und Schinken ... 100
    Gebratener Spargel und Kerbelpesto zu Saiblingsfilet ... 116
    Spargel-Hackfleisch-Pfanne mit frischem Ingwer ... 128
Spinat
    Döner mit Schafskäse-Linsen-Füllung ... 108
    Filoteig-Törtchen mit Spinat und Pinienkernen ... 104
Spitzkohl, Krautsalat mit Melone und Thai-Basilikum ... 62
Steinofenbrot mit Apfel, Meerrettich und Kresse ... 106
Suppe
    Fischsuppe mit Muscheln, Fenchel und Ouzo ... 114
    Japanische Nudelsuppe »Miso-Ramen« ... 146
    Klare Tomatenessenz mit Sherry ... 86
    Linsen-Kokos-Suppe mit Matcha-Swirl und Avocado ... 158
Süßkartoffel
    Gemüse-Tempura mit dreierlei Saucen ... 160
    Hähnchenbrust mit Kokospanade und Mandarinendip ... 130
    Panierte Seelachsstreifen mit Süßkartoffel-Pommes ... 118

T
Tagliatelle-Nester mit scharf-süßer Thunfischsauce ... 170
Thunfisch
    In Frischkäse gebratener Thunfisch mit Wasabi-Kartoffelsalat ... 120
    Tagliatelle-Nester mit scharf-süßer Thunfischsauce ... 170
    Thunfisch-Burger mit Chicorée ... 108
Tiramisu, Blitz-Tiramisu mit Himbeeren und Frischkäse ... 176
Tofu, Marinierte Tofuwürfel mit aromatischem Pilztrio ... 148
Tomate
    Bauernbrotpizza mit Frühlingszwiebeln, Tomaten und Gouda ... 98
    Dörtes orientalisches Rindergulasch ... 138
    Gebratene Auberginen mit Tomatensauce und Schmant ... 144
    Hähnchenschenkel zu Ofentomaten und neuen Kartoffeln ... 140
    Klare Tomatenessenz mit Sherry ... 86
    Makkaroni-Tortilla mit Sardinenfilets ... 172
    Mediterraner Linsen-Tomaten-Salat ... 78
    Pasta Puttanesca ... 166
    Pikanter Tomaten-Mix ... 60
    Sauerkrautquiche mit Tomaten, Schafskäse und Golden Berries ... 156
    Tomaten und Schafskäse vom Blech ... 150
    Viergeteilter Romanasalat mit Salsa tricolore ... 68

V, W
Vollkornbrot mit Apfel-Marzipan-Aufstrich ... 52
Walnuss
    Avocado mit den frischesten Nordseekrabben der Welt ... 88
    Dörtes Lieblingsmüsli ... 56
    Karotten mit karamellisierten Walnüssen und Kressejoghurt ... 80
Weintraube, Mandelpudding mit Thymian und Beerenkompott ... 180

Z
Zucchini, Gemüse-Tempura mit dreierlei Saucen ... 160

Impressum

Produktmanagement: Annemarie Heinel

Textredaktion: Anja Ashauer-Schupp

Korrektur: Asta Machat

Layout und Satz: Susanne Topitsch, Nebe+Topitsch Design, www.nebe-topitsch.de

Umschlaggestaltung: Susanne Topitsch, Nebe+Topitsch Design, www.nebe-topitsch.de, unter Verwendung von Fotos von Götz Wrage

Repro: Repro Ludwig, Zell am See

Herstellung: Bettina Schippel, Barbara Uhlig

Text und Rezepte: Dörte und Jesko Wilke

Fotografie: Götz Wrage

Styling + Food Frauke Koops

Assistenz: Rosi Oltersdorf

Printed in Italy by Printer Trento

★★★★★

> Sind Sie mit diesem Titel zufrieden? Dann würden wir uns über Ihre Weiterempfehlung freuen. Erzählen Sie es im Freundeskreis, berichten Sie Ihrem Buchhändler, oder bewerten Sie bei Onlinekauf. Und wenn Sie Kritik, Korrekturen, Aktualisierungen haben, freuen wir uns über Ihre Nachricht an Christian Verlag, Postfach 400209, D-80702 München oder per E-Mail an lektorat@verlagshaus.de.

Unser komplettes Programm finden Sie unter:

www.christian-verlag.de

Alle Angaben dieses Werkes wurden von den Autoren sorgfältig recherchiert und auf den neuesten Stand gebracht sowie vom Verlag geprüft. Für die Richtigkeit der Angaben kann jedoch keine Haftung übernommen werden.

Die Deutsche Nationalbibliothek verzeichnet diese Publikation in der Deutschen Nationalbibliografie; detaillierte bibliografische Daten sind im Internet über http://dnb.d-nb.de abrufbar.

© 2015 Christian Verlag GmbH, München

ISBN 978-3-86244-698-8

Alle Rechte vorbehalten

Bildnachweis

Alle Bilder stammen von Götz Wrage, außer:
Shutterstock (www.shutterstock.com): 9 (Jill Chen), 10 (Masson), 16 (Mykola Mazuryk), 19 (el lobo), 21 u. (Melpomene); 21 2. v. u., 22 3. v. u. (Brent Hofacker), 21 3. v. u. (Monticello); 21 4. v. u., 22 3. v. o. (Sea Wave), 21 Mitte (Volosina), 21 3. v. o. (Vitaly Korovin), 21 o. (Basileus), 21 2. v. o. (Valzan), 22 (B. and E. Dudzinscy), 22 2. v. u. (Mythja), 22 4. v. u. (Alvaro German Vilela), 22 Mitte (Iasmina Calinciuc), 22 2. v. o. (Tim UR), 22 o. (Serenethos), 26 (ISchmidt), 28 (Roberto Lucci), 31 (Nut Iamsupasit), 37 (Zaretskaya Svetlana), 39 (Ariene Studio), 41 (zi3000), 43 (CBCK)

Glossar

Zutaten:
Die meisten Rezepte sind für zwei Personen konzipiert, die Zutatenmengen lassen sich bei Bedarf jedoch einfach verdoppeln.

Vegetarisch:
Ohne Fleisch, Wurst, Fisch und Fischerzeugnisse, aber mit Milchprodukten und Ei.

Vegan:
Rezept mit rein pflanzlichen Zutaten. Spuren von Hilfsstoffen, die tierisches Eiweiß enthalten, wie in Fruchtsäften oder Wein zum Klären eingesetzt, können enthalten sein.

Laktosefrei:
Enthält keine Milch, Milchprodukte, Käse oder Butter. Wobei laktoseempfindliche Menschen in der Regel eine gewisse Menge Laktose ohne Beschwerden vertragen. Vor allem Joghurt und Käse können häufig gegessen werden.

Glutenfrei: Enthält kein glutenhaltiges Getreide. Wer unter Zöliakie leidet, sollte zusätzlich sicherstellen, dass in den verwendeten Saucen, Brühen oder Gewürzen keine Spuren von Gluten enthalten sind, zum Beispiel glutenfreie Sojasauce verwenden.